A B O U

KATSUHIRO MIYAMOTO
a cura di / edited by
DANA BUNTROCK

L I B R I A

KATSUHIRO MIYAMOTO
a cura di / edited by
DANA BUNTROCK

Collana diretta da / Editor of Collection	ANTONIO CARBONE
Coordinamento editoriale / Editorial coordination	ANTONIO GRAZIADEI
Progetto grafico / Graphic design	MARIANGELA SAVOIA > LASTIKLAB.COM
Impaginazione / Pagination	LUIGI MARTINELLI
Traduzioni / Translations	ANTONELLA BERGAMIN
Crediti fotografici / Photo credits	Atsushi Matsusima (pp. 27, 34, 35) Takumi Ota (pp. 124-125, 126, 127, 131, 132-133, 134, 135, 136, 137) Sergio Pirrone (p. 62) Shinkenchiku-sha CO. Ltd (pp. 33, 40-41, 58-59, 61, 72, 73, 74-75, 79, 82-83, 100-101, 102-103, 108, 109, 112-113, 114-115, 117, 120, 121, 122, 123, 138-139, 140-141, 149, 150-151) Katsuhiro Miyamoto
Stampa / Printing	GRAFICHE FINIGUERRA Lavello (Italia)
Prima edizione / First edition	Maggio 2012 May 2012
Copyright	CASA EDITRICE LIBRIA Melfi (Italia) Tel/Fax +39(0)972236054 ed.libriaagmail.com www.librianet.it

ISBN 978 88 96067 83 3

Sommario > Contents

	INTRODUZIONE	7
	INTRODUCTION	17
	DANA BUNTROCK	

Opere	**KURAKUEN**	25
Works	**SUGARUKARAHAFU**	41
	CLOVER HOUSE	55
	SHIP	65
	GRAPPA	75
	HANKAI HOUSE	87
	BETWEEN	103
	GATHER	113
	CHUSHIN-JI TEMPLE PRIEST'S QUARTERS	125
	BIRD HOUSE	139

	NOTE AI PROGETTI	153
	DESIGN DESCRIPTIONS	
	KATSUHIRO MIYAMOTO	

INTRODUZIONE
Dana Buntrock

È difficile non amare Osaka. Come Chicago, la sua città gemella, Osaka ama le spalle larghe e le *forme* muscolose. Osaka propende per le maniere forti; non è un caso che sia il luogo di nascita delle lastre di calcestruzzo di Tadao Ando, inizialmente un affronto alle delicate strutture che emergevano spontaneamente a nord, a Tokyo.

Tokyo: un hub internazionale opulento, lussuoso, forgiato da agglomerati di slanciati grattacieli, una città alla quale la ricca storia del Giappone va stretta. Osaka: operaia e contraria allo spreco. Rigenera e riutilizza. Osaka ama i bei tempi andati e non dimentica quelli meno belli.

Pur avendo insegnato in due delle maggiori università di Osaka per sedici anni, Katsuhiro Miyamoto non è originario in senso stretto di questa città decisamente di seconda classe ma di un centro alla sua periferia, Takarazuka, una cittadina di 200.000 abitanti. In realtà viene dall'*Hanshin*, la megalopoli industriale che da Osaka si estende fino a Kobe e oltre.

Hanshin, più nota come il nome di un terremoto.

Il terremoto colpì nel gennaio del 1995, danneggiando soprattutto la città di Kobe, sull'isola di Awaji e la città natale di Miyamoto, Takarazuka. Furono distrutti duecentomila edifici; le vittime furono oltre seimila e trecentomila i senzatetto. Miyamoto, allora poco più che trentenne, era tornato da poco a vivere in quella zona; visitò le aree annientate dal sisma in bicicletta, inizialmente notando meno ciò che era stato distrutto e più ciò che era riapparso dopo l'evento: un suolo ricco, scrollatosi di dosso le fragili strutture che lo ricoprivano, era tornato alla luce. Pur essendo consapevole della devastazione, Miyamoto fu colpito dall'ispirazione di quella bellezza scarnificata. È un momento strano per un architetto, sedotto da edifici distrutti.

Arata Isozaki, alle prese da sempre con una percezione altrettanto conflittuale della passione e della tragedia insite nelle rovine, ha invitato Miyamoto a produrre, per la Biennale di Venezia del 1996, un'opera nella quale riflettesse sulle implicazioni architettoniche del crollo. Miyamoto ha prodotto uno schizzo dell'installazione e realizzato a Takarazuka, dall'altra parte del mondo, un modello in dimensioni reali del Padiglione del Giappone. Ha setacciato venti tonnellate di macerie, recuperando frammenti e modellando forme, esaminando scrupolosamente detriti e scorie che altri avrebbero preso per semplici rifiuti. Successivamente il tutto è stato minuziosamente documentato, delicatamente smantellato e confezionato in quarantanove casse numerate. Spedite per nave attraverso due oceani, il loro contenuto è stato attentamente ricostruito seguendo lo schema inizialmente formulato tra le rovine. Lastre contorte, ferri d'armatura intrecciati e inutilizzabili, *futon* lerci e mobili scassati, un fascio di travi piegate che si innalzano verso l'alto perforando il pavimento del Padiglione del Giappone (montato su *pilotis* rialzati) sono stati allestiti sullo sfondo di gigantesche fotografie dell'*Hanshin*[1]. L'installazione, al contempo bellissima e terribile, si è aggiudicata il Leone d'Oro.

Miyamoto aveva solo 35 anni.

Al suo successo alla Biennale ha contribuito anche un'opera più piccola, firmata da lui soltanto e piazzata in bella vista sul muro esterno del Padiglione del Giappone. Mentre il suo governo si proponeva di cancellare in fretta la devastazione prodotta dal sisma, la "Topographical Healing" ["Guarigione topografica"] proposta da Miyamoto tracciava un percorso opposto: ammassare ogni singolo frammento in un luogo lungo la riva di un fiume, costruendo una minacciosa montagna come momento commemorativo.

Non sarebbe corretto affermare che l'amore di Miyamoto per la terra – per i suoi bordi frastagliati e il suo peso enorme – sia nato nel 1995. Già in precedenza, con una proposta non realizzata dal titolo "Topographical", aveva dato prova di un'attrazione, comprensibilmente insolita in Giappone, per il terreno. Nel modello, tuttora visibile sul sito web del suo studio, l'architettura vera e propria è il semplice blocco di un edificio, mentre il sito è espresso da Miyamoto come una sinuosa voragine scavata nella terra. E il primo lavoro del giovane architetto pubblicato con un certo rilievo dalla prestigiosa «SD Review» nel 1991, l'ampliamento di una tipi-

---

[1] Le fotografie sono del celebre Ryuji Miyamoto, omonimo ma non parente dell'architetto.

Fig. 1. Padiglione giapponese alla Biennale di Venezia 1996.

ca abitazione con pavimenti a *tatami*, è proprio scavato nel terreno. I disegni e il testo descrivono la pioggia sul tetto, stranamente in contraddizione con i più soleggiati scenari proposti da altri architetti alla fine della "Bolla" giapponese.
Forse Miyamoto è sempre stato un po' in contraddizione, sempre un po' dark, sempre affascinato dalla topografia; il 1995 ha semplicemente aperto uno squarcio nella sua consapevolezza delle implicazioni di una superficie instabile, facendogli mettere più a fuoco questi interessi.
Il terremoto dell'*Hanshin* ha fatto a pezzi anche la casa dove Miyamoto è nato, la stessa dove era tornato per aprirvi il proprio studio di architettura. Le autorità hanno dichiarato inagibile quella residenza centenaria ma priva di particolare valore, offrendo a Miyamoto un indennizzo a patto che la demolisse. Con atteggiamento di sfida egli ha risposto che l'architettura "anche se priva di valore culturale, ha un ruolo come contenitore di memorie". Non potendo utilizzare il compenso offerto dal governo per consolidare una struttura esistente, ha scelto invece di creare all'interno della casa non più agibile un bizzarro intreccio di telai e rinforzi momento-resistenti. È stato un intervento robusto e poco delicato: un tubo d'acciaio diagonale, ad esempio, bucava il telaio nudo di uno schermo *shoji*, fissandolo in modo

incongruo. "La Casa *Zenkai* ["Completamente distrutta"] è stata completata l'ultimo mese del 1997, appena prima del terzo anniversario del terremoto dell'*Hanshin*". Fu un'affermazione, espressa con il linguaggio dell'architettura, dell'intenzione di Miyamoto di resistere nel luogo dove era nato.

Malgrado la sua sgraziata angolarità, la Casa *Zenkai* ha vinto una quantità di premi e portato a Miyamoto la nomina a "Nuovo architetto dell'anno" da parte dell'Associazione degli architetti giapponesi nel 1998.

Prendere una casa che chiaramente non è più in gran forma e puntellarla con passione è qualcosa che un architetto fa in genere una volta sola, in particolare nel contesto frenetico e incline alla rottamazione del Giappone di oggi. Ma per Miyamoto questa occasione si è ripresentata con la Casa *Hankai* ["Distrutta a metà"] del 2007, terminata giusto un decennio dopo la prima. Anche questa residenza era stata gravemente danneggiata dal terremoto dell'*Hanshin*. Miyamoto ha liberato la struttura che si vede oggi, facendone emergere la casa del custode antica di trecento anni, un edificio con tetto a una falda e una serie di ambienti privati sul retro.

Il nuovo intervento avvolge delicatamente la struttura originaria con braccia lunghe e sottili come a proteggere un'anziana zia; l'ampia parete esterna cieca di cedro brunito (rivestimento spesso utilizzato dalle abitazioni economiche della zona) crea uno schermo protettivo rispetto alle strade circostanti. La struttura progettata da Miyamoto si accolla il peso laterale dell'edificio preesistente consentendogli di rimanere quasi totalmente intatto – da più di una delle enormi aperture si vede il malridotto tetto in tegole dell'abitazione più antica. All'interno, laddove struttura originaria e parte aggiunta si incontrano, le pareti in compensato impiallacciato e levigato rivestono una superficie certo un tempo esterna, mentre altre zone mostrano solo le tracce di finitura e struttura che sono state asportate.

Lungo questa sobria parte aggiunta, Miyamoto ha allestito una linea di servizi moderni: un angolo cottura, una rampa che sale al secondo piano, due bagnetti (uno con seduta, l'altro con turca) e una cuccia per i gatti. Una piccola struttura, larga mai più di tre metri, realizzata in economia con bastoni e fogli di legno, ma premiata anch'essa da una quantità di riconoscimenti.

Per tutti gli anni '90 e fino a oggi gli architetti che lavorano a Tokyo hanno mostrato di favorire strutture leggere e traforate; gli editori giapponesi hanno riempito i loro libri di levigati cubi bianchi. Le opere di Miyamoto, invece, partono dal principio che la bellezza è anche in oggetti danneggiati e fatiscenti.

È un principio evidente anche in "Gather" del 2009. A differenza di *Zenkai* e *Hankai*,

Fig. 2. Casa Zenkai (esterno).

Fig. 3. Casa Zenkai (interno).

questa casa era molto meno traballante e intrisa di storia perché costruita solo ventisette anni prima. Miyamoto l'ha avvolta in una cortina curva formata da assi di legno inclinato da 2x4 cm., ciascuno leggermente sfalsato rispetto agli altri e angolato in modo da far filtrare luce e aria senza compromettere la privacy. Questo ampliamento (di nuovo) di una piccola struttura prevede (di nuovo) una serie di comodità moderne: armadi, cucina, una scala agevole e aperta – quella luce, quell'aria.

È strano che uno che ha sfondato a Venezia così giovane, che è tanto apprezzato nella professione, sia stato capace di mettere tanto impegno in una struttura così piccola. Non ci ha guadagnato granché, anche se per ridere si dice che quelli di Osaka aprano sempre una conversazione chiedendo: "Come vanno gli affari?". Pur sapendo che l'economia della zona non si è mai davvero ripresa dopo il 1995, le dimensioni minime e i dettagli curati di questi progetti di ampliamento dicono qualcosa di inquietante sul ruolo dell'architettura nella nostra epoca.

Non è che Miyamoto non provi a fare anche altro. Il suo portfolio contiene anche scuole elementari, musei d'arte, sale da concerti e polifunzionali; tutti progetti non realizzati. Tutti progetti di concorso. Almeno una volta è arrivato secondo su un gruppo stellare di starchitect; spesso si avvicina al vertice. Ciò che lo rende un architetto straordinariamente affascinante è anche ciò che forse spaventa molti clienti e giurie di concorso. In un contesto pericoloso dal punto di vista sismico, Miyamoto continua a dialogare con la terra, a scendere nel terreno. Quando tenta di affrontare il gioco in un qualunque altro modo, diventa troppo generico. La terra, quel terremoto, sono nel suo DNA.

Recentemente Miyamoto ha scritto: "Sto pensando di costruire un'architettura che sembri fuoriuscire dal terreno". Un esempio di questa ricerca è *Kurakuen* del 2001: tre piani pressati in un ripido terrapieno di roccia grezza: il soggiorno sembra una caverna, con una parete, il pavimento, una scala a chiocciola realizzati in una cupa pietra artificiale; dietro a una vetrata si stagliano massi incuneati nel terreno. La camera da letto è ancora più audace: una fila di massi posizionati a qualche centimetro appena da un piano di vetro. L'edificio soprastante è proteso nell'aria come una nave pronta al varo, sorretto da colonne inclinate. Si ha la sensazione che il peso sia in un equilibrio precario, tanto che basterebbe una leggera spinta a far aprire l'intero ambiente all'esterno. Mi chiedo come si sentano i committenti che ogni notte dormono in questa strana camera da letto, ma sospetto che adorino la casa; dopo tutto, si sono rivolti a Miyamoto anche per la cuccia del loro amatissimo cane.

Fig. 4. Kurakuen.

E al piano di sopra, gli spazi di ricevimento beneficiano della luce naturale e offrono ampie vedute, rivolti come sono su un ampio piano erboso – che è anche un giardino. Ai visitatori che non sanno degli spazi sommersi all'interno di questa struttura verrebbero sicuramente in mente quelle spettacolari case studio californiane costruite a sbalzo sul vuoto.
Cosa significa il nome della casa, *Kurakuen?* "Giardino del piacere e del dolore."
Un altro edificio altrettanto fortemente definito dal proprio sito è la "Bird House" del 2010, appollaiata su un'incredibile scheggia di pendio. Miyamoto sembra infatti dedicare una quantità di tempo inusitato a scervellarsi su come costruire case su terreni che la maggior parte degli architetti considererebbero semplicemente incompatibili con l'edificazione. Molti suoi progetti sono particolarmente angolati, stimolati da contesti potenti – in un caso un'instabile struttura preesistente, in un altro un sito discontinuo. Alcuni, però, presentano una curva lirica, come la morbida linea di elementi in legno di "Gather". Due di questi, "Clover House" e "Ship", sono stati completati nel 2006.
Clover House: pulita, compatta e cubica; un edificio insolitamente disciplinato per Miyamoto. La semplice struttura formale dello spazio, in pianta un fiore di fluido

acciaio piantato sul suolo, è fotogenica e facilmente comprensibile. Due muri di contenimento in pietra grezza definivano i bordi del sito originario; invece di costruire al di sopra di questi, come avrebbero fatto molti architetti giapponesi, Miyamoto ha scavato il terreno, posizionando la casa nell'alveo risultante. Gli spazi comuni sono contenuti entro curve pareti d'acciaio; spazi programmatici posizionati lungo il bordo. Pur piccolissima, la casa ha un ingresso particolarmente imponente: ali d'acciaio alte quasi quattro metri dai bordi acuminati e levigati si dispiegano a incorniciare un'enorme porta scura che si apre completamente sui cardini. L'interno riceve abbondante luce naturale da un cleristorio vetrato che occhieggia dall'alto. La Clover House presenta uno strano dettaglio che ritengo importante: dalla superficie del terreno spuntano tre oblò angolati, grossi cilindri d'acciaio come quelli di un sottomarino. Il gesto è chiaramente da collegare alla "Nave" ("Ship") realizzata lo stesso anno: una struttura avviluppata da acciaio cor-ten arrugginito che è il più scultoreo degli edifici di Miyamoto.

Ship: un edificio che ricorda una balena spiaggiata, con le fauci aperte per Giona. Si percepisce il peso titanico dello sbalzo curvo e si immagina un'ancora nascosta che deve per forza fare da contrappeso a questo colosso. E infatti esiste, un bastione sotterraneo in calcestruzzo curvo e levigato. All'interno, spazi ariosi: immacolati, totalmente bianchi, in antitesi con il massiccio scafo ossidato, un ambito segreto, privato, protetto dall'indecifrabile esterno.

Gli oscuri e pesanti edifici di Miyamoto rappresentano un'eccezione nell'architettura giapponese ma i templi buddisti del paese sono in realtà anch'essi massicci – scure montagne architettoniche che fuoriescono da un mare di tetti più piccoli. Una parentela esiste, e Miyamoto ha avuto l'opportunità di intervenire con ampliamenti residenziali su due templi: *Sugarukarahafu*, del 2002, e *Chushin-ji* nel 2009. In entrambi l'architetto ha lavorato sulle caratteristiche curve dei grandi tetti buddisti. *Sugarukarahafu* è sorprendentemente rispettoso della tradizione: travi di legno sbucciato sullo spazio del soggiorno; una facciata in intonaco color ocra; un tetto di lamiera di rame bordata. Eppure è uno spazio moderno: il soffitto lievita sopra una linea di luce, un cleristorio vetrato taglia in varie direzioni il tetto dagli ambienti interni e promuove un accesso insolitamente intimo al pendio che corona un'attigua residenza preesistente.

Miyamoto ha usato lo spazio aperto inserito al di sotto della linea della copertura di entrambi questi edifici buddisti per sottolineare le loro curve classiche. Nel caso di *Sugarukarahafu*, ha tracciato l'ampliamento del corpo annesso con una sottile linea di legno che si proietta su una superficie erbosa e sembra avviata a una probabile decadenza nel corso del tempo. A *Chushin-ji*, nella località montana di Nagano, il magnifico tetto creato da Miyamoto per durare almeno un secolo si erge su robuste colonne centrate, angoli aperti che richiamano l'attenzione su elementi in calcestruzzo a sbalzo che si librano con curve improbabili. A dire il vero, Miyamoto ha compiuto scelte che sono forse realizzabili solo in Giappone: l'estrema perizia richiesta per realizzare curve complesse in calcestruzzo gettato a mano, la linea di colmo che, affilata come un rasoio, rigira leggermente le estremità verso l'alto; raffinati elementi di carpenteria articolati nella spessa ossatura in legno installata sotto la copertura in calcestruzzo.

Il tempio *Chushin-ji* è stato costruito più di duecentocinquanta anni fa in un legno già antico: le sue venature racchiudono secoli di storia. All'interno, gli ornamenti d'oro risplendono nell'ombra tetra. Il corpo progettato da Miyamoto, che si pone in una modesta posizione laterale, ha un'architettura leggera e scarna: è la residenza di un sacerdote, capo insolitamente giovane per questo incarico che ha accettato a soli ventinove anni. Lo scuro tetto del tempio è completato dal calcestruzzo grezzo di Miyamoto; l'ombra cavernosa fa da contrappunto allo spazio solare creato dal giovane architetto; al legno scuro dell'una risponde il legno color miele dell'altro. Se il tempio incuteva soggezione, l'interno di Miyamoto suggerisce intimità.

* * *

L'area intorno a Osaka è soprannominata la "cucina del paese". È un luogo di piaceri, e di appetito. Gli epicurei dicono che il suolo (il *terroir*) conferisce a cibi e bevande un sapore particolare. Il *sake* è una bevanda diffusa in Giappone e sorseggiarlo equivale, come molte altre cose, a compiere un rituale di grande significato estetico: la scelta della tazza all'interno di un assortimento, delicate porcellane mescolate alla rinfusa a spessi e asimmetrici *guinomi* di terracotta che fanno pensare alle tazze da tè. Capita anche di trovare stoviglie scheggiate e riparate con pennellate d'oro. Ogni oggetto è unico, ciascuno esprime chiaramente la mano di un artista. Mi dicono che il gusto del *sake* sia più dolce sul palato se sorseggiato da coppe sottili, mentre quelle spesse producono un sapore più pieno.

Nel corso della sua carriera Miyamoto ha trovato una quantità di modi per rapportarsi con il passato e il contesto: a partire dall'emozionante Casa *Zenkai*, una struttura fratturata arricchita di nuove e necessarie stecche, per proseguire nel tempo con le liriche curve di calcestruzzo di *Chushin-ji*. Considerate nel loro insieme, le opere di Katsuhiro Miyamoto sono come piccole ceramiche collezionate da un appassionato, ognuna specchio delle proprie particolarità. Alcune strutture sono sinuose e levigate, altre voluminose e ancorate, mentre altre ancora esprimono un'amorevole cura evidenziata nella loro rivitalizzazione e conservazione.

INTRODUCTION
Dana Buntrock

It's hard not to like Osaka. Like its sister city of Chicago, Osaka loves broad shoulders and muscular *mien*. Osaka leans to the heavy-handed; it is, unsurprisingly, the point of origin for Tadao Ando's concrete slabs, which initially offered an affront to the delicate structures emerging effortlessly in Tokyo, to the north.

Tokyo: an international hub, affluent, upscale, fashioned from clusters of sleek skyscrapers; a city that has outgrown Japan's rich history. Osaka: working-class and waste-averse. It reclaims and reuses. Osaka is okay with the good old days and does not forget the bad ones.

Strictly speaking, though Katsuhiro Miyamoto has been a professor at two of Osaka's leading universities for sixteen years, he is not even from this decidedly second-class city, but from its outskirts, a town of 200,000 called Takarazuka. He's from *Hanshin*, the industrial megalopolis stretching from Osaka to Kobe and beyond.

Hanshin, better known as the appellation for an earthquake.

The earthquake struck in January of 1995, felt most strongly in the city of Kobe, on the island called Awaji, and in Miyamoto's hometown of Takarazuka. 200,000 buildings were destroyed; over 6000 people died; 300,000 were displaced. Miyamoto, in his early thirties, had only recently returned; he bicycled through areas crushed by the quake, initially aware less of loss than what he found instead: shaking free its skin of flimsy structures, a rich terrain was again revealed. Even as he understood the devastation, Miyamoto was inspired by a raw-boned beauty. It's an odd moment for an architect, besotted by broken buildings.

Arata Isozaki has struggled his whole life with a similarly divided sense of the love and loss embodied in a ruin. The elder architect invited Miyamoto to contribute to a piece for the 1996 Venice Biennale, one which would address the architectural implications of collapse. Miyamoto, sketching out the installation first in Takarazuka, built a full-scale mock-up of the Japanese Pavilion half a world away. He sorted through 20 tons of rubble, selecting scraps and sculpting shapes, meticulously sifting through detritus and debris others might consider merely waste. Afterwards, everything was thoroughly documented, gently dismantled and packed neatly into 49 numbered crates. It was shipped across two oceans and carefully reconstructed following the initial outline made amongst the ruins. Twisted tiles, tangled and useless rebar, filthy *futon* and broken furniture, a bundle of bent beams tearing upwards through the open floor of the Japanese Pavilion (set on raised *pilotis*) all were exhibited against exquisite, enormous photos of *Hanshin* in ruin[1]. It was both beautiful and exceedingly awful. The installation snagged a Golden Lion (fig. 1).

Miyamoto was only 35.

His role in the Biennale was underscored by a smaller piece, which he alone authored, prominently placed on the exterior wall of the Japanese Pavilion. Even as his government argued for quick erasure of the earthquake's devastation, Miyamoto's "Topographical Healing" proposed the opposite: to amass every single scrap in one place along a river's edge, building an alarming mound as a memorial. It would be unfair to say Miyamoto's love of land—of rough edges and enormous weight—began in 1995. Earlier, he revealed a fascination with the soil understandably unusual in Japan, in an unbuilt proposal titled "Topographical." In the model, which maintains a presence on his office web site, the actual architecture is a straightforward block of a building, but Miyamoto rendered the site as a sinuous chasm cleft into the earth. And the young architect's first widely published work, an addition to a typical *tatami*-floored home, burrowed into the ground. It was included in the prestigious «SD Review» in 1991. His drawings and text suggested rain upon the roof, oddly out of step with the sunnier scenarios of other architects at the end of Japan's Bubble era.

Miyamoto was, perhaps, always a bit out of step, always a bit dark, always taken with topography; 1995 simply opened a seam in his awareness of the implications of an unstable surface, bringing these three interests into sharper focus.

The *Hanshin* earthquake also shredded Miyamoto's childhood home, where he had

---

[1] The photographs were taken by the renowned Ryuji Miyamoto, who is no relation to the architect.

returned to establish his architectural office. Inspectors called the century-old and unremarkable abode entirely uninhabitable; Miyamoto was offered money to tear it down. He defiantly asserted then that architecture "has an aspect of the vessel of memory, even if it has no cultural value." While government compensation could not be used to stiffen an existing structure, that was what he chose to do, interweaving an awkward organization of steel moment frames and cross braces into the extant but unsafe home. It was a fierce and ungentle effort: a diagonal steel tube, for example, pierced the naked frame of a *shoji* screen, pinning it incongruously in place. "The *Zenkai* ["Completely Destroyed"] House was completed in the last month of 1997, just short of the third anniversary of the *Hanshin* earthquake." It was an assertion of Miyamoto's intention to endure in the place of his birth, argued out in architecture (figs. 2-3).

In spite of its ungainly angularity, *Zenkai* House won a number of awards, and led to Miyamoto being named the "New Architect of the Year" by the Japan Institute of Architects in 1998.

To take a home quite clearly past its prime and sweetly shore it up is something an architect will usually do only once – especially in the fast-paced, scrap-and-build setting of contemporary Japan. But for Miyamoto the chance came once again, with the 2007 *Hankai* ["Half Destroyed"] House, finished a full decade after the first. Here, too, was a residence ravaged in the *Hanshin* earthquake. Miyamoto cut free the structure seen today, excising a 300-year-old gatehouse, a lean-to, and a suite of private rooms in the rear.

His addition gently enfolds the original like long, slender arms embracing an aged auntie; its broad, blank exterior wall of charred cedar (a cladding often used in the area's inexpensive houses) protectively turned toward the surrounding streets. Miyamoto's new structure shouldered the older building's lateral load, allowing the original to remain almost entirely untouched – and more than one of his enormous openings framed the bedraggled tile roof of the earlier abode. Inside, where original and annex met, Miyamoto's smoothly sanded veneer plywood walls face a surface once certainly exterior, and other stretches show only the traces of finishes and framing that were cut away.

Along this attenuated addition, Miyamoto added a line of modern amenities: a kitchenette, a ramp for rising to the second floor, two tiny toilets (one used seated, the other squatting), and a cubbyhole for cats. A small structure, never more than 3 meters wide, made modestly of sticks and sheets of wood, but it, too, received a number of awards.

Through the 1990s and right up until today, architects based in Tokyo inclined to lean, lacy lattices; Japanese publishers filled their pages with clean white cubes. Miyamoto's works began with the proposition that there is beauty in the damaged and dilapidated.

It's an attitude evident as well in "Gather" from 2009. Unlike the *Zenkai* and *Hankai* Houses, the home was far less rickety and less imbued with history, only 27 years since it was put in place. Miyamoto wrapped an existing structure in a curving curtain of leaning lumber, each individual 2x4 stud slightly off-set from the others, each at an angle to let in light and air without conceding privacy. This addition (again) a small structure, (again) introducing modern amenities: cabinets, kitchen, an easy and open stair – that light, that air.

It's puzzling that someone who was a hit in Venice at an early age, so appreciated in the profession, would be able to bring so much thought to such a tiny structure. He's not making much profit here, though those from Osaka are jokingly said to start all conversations with the query, "Are you making money?" Even knowing the area's economy never really recovered after 1995, the tiny size and diligent detailing of these additions says something disturbing about the role of architecture in our age.

It's not for lack of effort on his part. There they are in Miyamoto's portfolio: elementary schools, art museums, concert and multi-purpose halls – all unbuilt. All competition entries. At least once he made it to second place in a stellar set of starchitects; often he's near the top. The thing that makes Miyamoto an exceedingly intriguing architect is also what might scare off a lot of clients and competition juries. In a seismically unsafe setting, Miyamoto keeps engaging with the earth, going down into the ground. When he tries to play the game any other way, he's too generic. The earth, that earthquake, are in his DNA.

Miyamoto recently wrote, "I have been thinking of making architecture as if it had grown." The 2001 *Kurakuen* is an example of this approach, three levels pressed into a steep embankment of rough rock: the living room like a cave, with one wall, the floor, a winding stair all built of stygian artificial stone; beyond a wall of glass, large boulders embedded in the earth. The bedroom was even more audacious: a bank of boulders sited mere centimeters from a plane of glass. The building above shot into empty air like the launching of a ship, propped up by canted columns (fig. 4). One has a sense of weight barely in balance, a simple shake enough to pop the whole room open to the air. I wonder about the clients, sleeping each night in that strange room, but suspect they love their home; they came back to

Miyamoto, after all, when they needed a casual shelter for their beloved dog. And above, rooms for entertaining are sunlit and serve up sweeping views, overlooking a big swath of green grass – a garden, too. To visitors unaware of the spaces submerged within this structure, those iconic cantilevered case study houses from California would surely come to mind.

The house's name, *Kurakuen?* "Garden of Pleasure and of Pain."

Another building as deeply determined by its site is "Bird House" from 2010, perched on an impossible sliver of a slope. In fact, Miyamoto seems to spend an inordinate amount of time puzzling out how to build houses on plots of land most architects would simply deem unbuildable. Much of Miyamoto's work is idiosyncratically angular, stimulated by strong settings – whether an existing, unstable structure or an uneven site. A few, however, involve a lyric curve, like "Gather's" loose line of lumber. Two, "Clover House" and "Ship," were each completed in 2006.

Clover House: clean, compact and cubic – an unusually disciplined building for Miyamoto. The simple formal structure of the space, in plan a flower of fluid steel set against the soil, is photogenic and easy to apprehend. Two rough rock retaining walls defined the edges of the original site; instead of building above, as most Japanese architects likely would, Miyamoto excavated the earth and set his house within. Curving steel contains the house's common spaces; programmatic places positioned along the edge. The tiny house's entrance was especially grand: sharp-edged and smooth steel wings nearly four meters tall flared out to frame a dark, enormous door that pivoted entirely open. A neat, glass clerestory peeped out above it all, lavishly illuminating the interior. An odd detail about Clover House is, I think, important: poking from the surface of the soil were three angled portholes, sturdy steel cylinders like you'd find on a submarine. The gesture was clearly linked to "Ship" from the same year, a structure wrapped in rusting cor-ten steel, the most sculptural of Miyamoto's corpus.

Ship: a beached whale of a building, jaws open for Jonah. One senses the titanic weight of the curving cantilever, aware that an unseen anchor must exist to counterbalance the colossus. It does, a cleanly curved concrete bulwark below. Inside, airy spaces: spotless, seamless white, an antithesis to the oxidized and hulking hull, a secret, private realm undisclosed on the inscrutable exterior.

While Miyamoto's dark and weighty work is architecturally exceptional in Japan, the nation's Buddhist temples are also ponderous – somber architectural mountains rising out of a seascape of smaller roofs. There's a match there, and Miyamoto has enjoyed the opportunity to add ancillary abodes to two temples: his *Sugarukarahafu*, from 2002, and at *Chushin-ji* in 2009. In both, the architect embraced the iconic sweep of big Buddhist roofs. *Sugarukarahafu* was surprisingly accepting of tradition: barked log beams over the living space within; an ochre plaster *façade*; a roof of hemmed copper sheet. And yet it was a modern space: the ceiling levitated over a line of light, a glass clerestory slicing asunder the roof from the rooms within and inviting unusually intimate access to the slope crowning an adjacent, older residence.

Miyamoto used open space inserted under the roofline of both these Buddhist buildings to underscore their classic curves. At *Sugarukarahafu*, an extension of the annex was traced in a thin lumber line projecting out over a patch of lawn, one that seems likely to be lost in time to its decay. At *Chushin-ji* in snowy Nagano, Miyamoto's magnificent roof, intended to last at least a century, stands on sturdy, centered columns, open corners calling attention to its improbably sweeping concrete cantilevers suspended over air. Miyamoto made choices perhaps only, in truth, attainable in Japan: the careful craft required to render complex curves in hand-trowelled concrete, the razor-sharp ridge line lightly turning upward at each end; exquisite joinery articulated in the fat wood frame installed beneath the concrete cap.

The temple *Chushin-ji* was built more than two hundred and fifty years ago; its lumber was already ancient then, centuries traced in its grain. Within, gold ornament gleams against gloomy shadow. Miyamoto's work stands modestly to one side, a residence for an unusually young head priest who accepted his role at the age of 29, its architecture light and spare: the somber temple roof was complemented by Miyamoto's raw concrete; cavernous shadow set against the young architect's sunny space; dark wood in one answered in honey-colored timber. Where the temple intimidated, Miyamoto's interior was intimate.

* * *

The area around Osaka is called the "kitchen of the country." It's a place of pleasures, and of appetite. Epicureans say the soil (*terroir*) gives food or drink distinctive flavor. In Japan, *sake* is a likely libation, and a sip starts, as so much does, with an aesthetically imbued ritual: settling on a cup plucked from an assortment, delicate porcelains jumbled together with thick-walled, asymmetric earthenware, *guinomi*, that should bring to mind the vessels used in tea.

Occasionally, you'll even find cracked crockery, the repair brushed with gold. Each object is unique, each openly expressing an artist's hand. I'm told the taste of *sake* is sweeter on the tongue when sipped from thinner shells, the fatter walls resulting in a fuller flavor.

Over the years of his career, Miyamoto has found a variety of ways to acknowledge past and place: starting with the poignant *Zenkai* House, a shattered structure and its newly needed splints, and giving way in time to the lyrical lines of *Chushin-ji*'s concrete curves. Katsuhiro Miyamoto's collected works are like small pieces of pottery accumulated by a connoisseur, each a reflection of its particularities. Some structures are sinuous and sleek, some unwieldy and anchored, while others demonstrate a loving care evidenced in revitalization and repair.

2001　　KURAKUEN

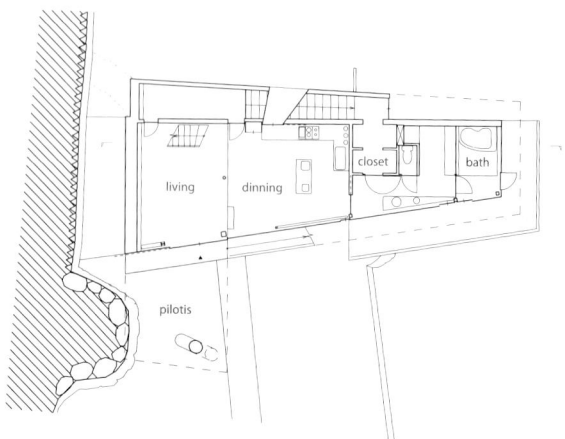

ground floor plan **pianta piano terra**

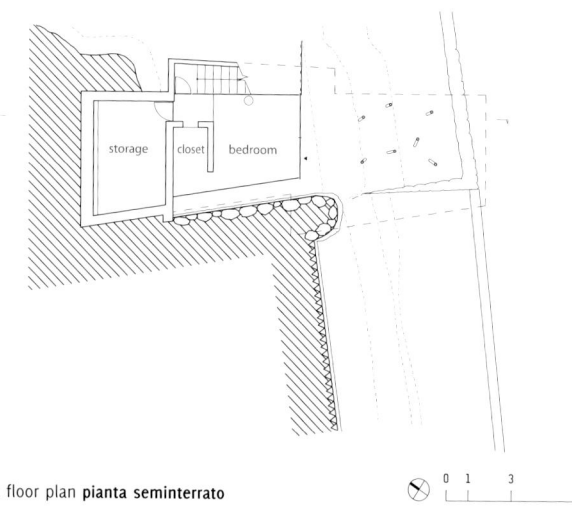

basement floor plan **pianta seminterrato**

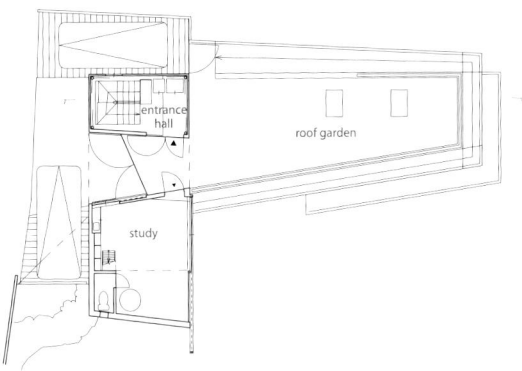

first floor plan **pianta primo piano**

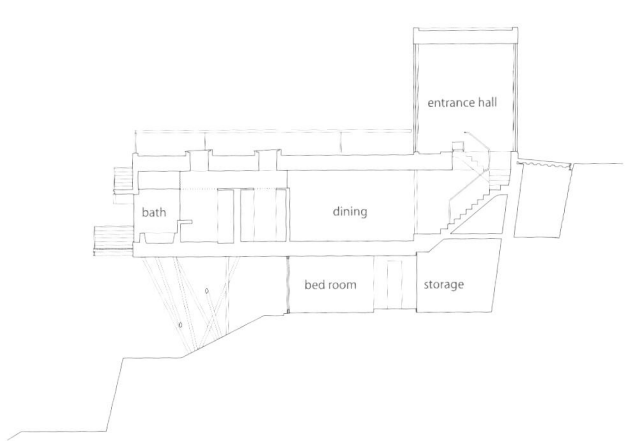

long section **sezione longitudinale**

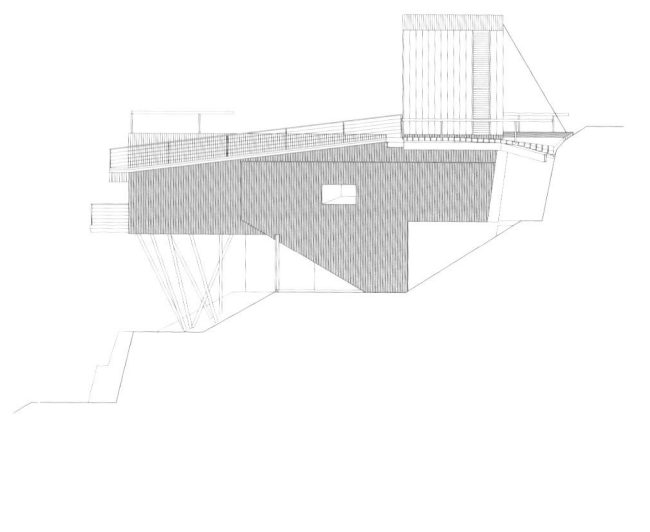

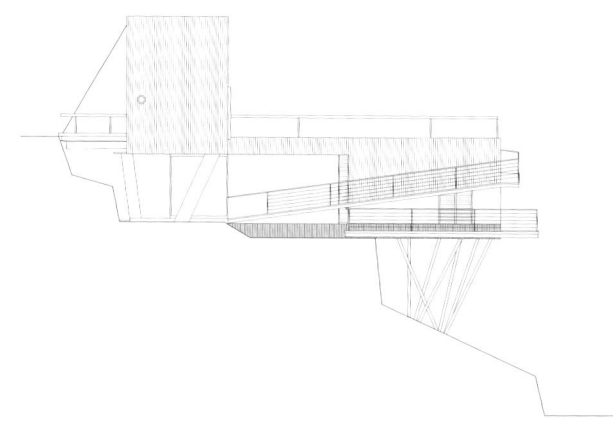

side elevations **prospetti laterali**

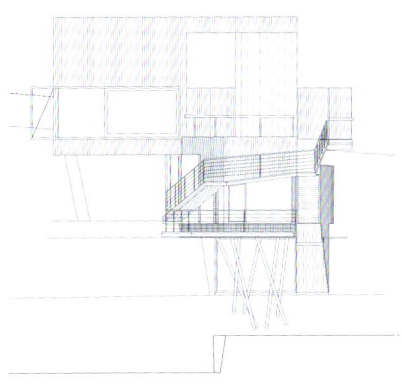

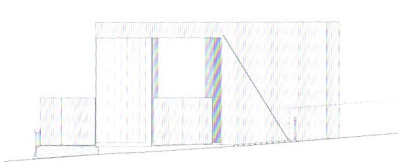

front elevations **prospetti frontali**

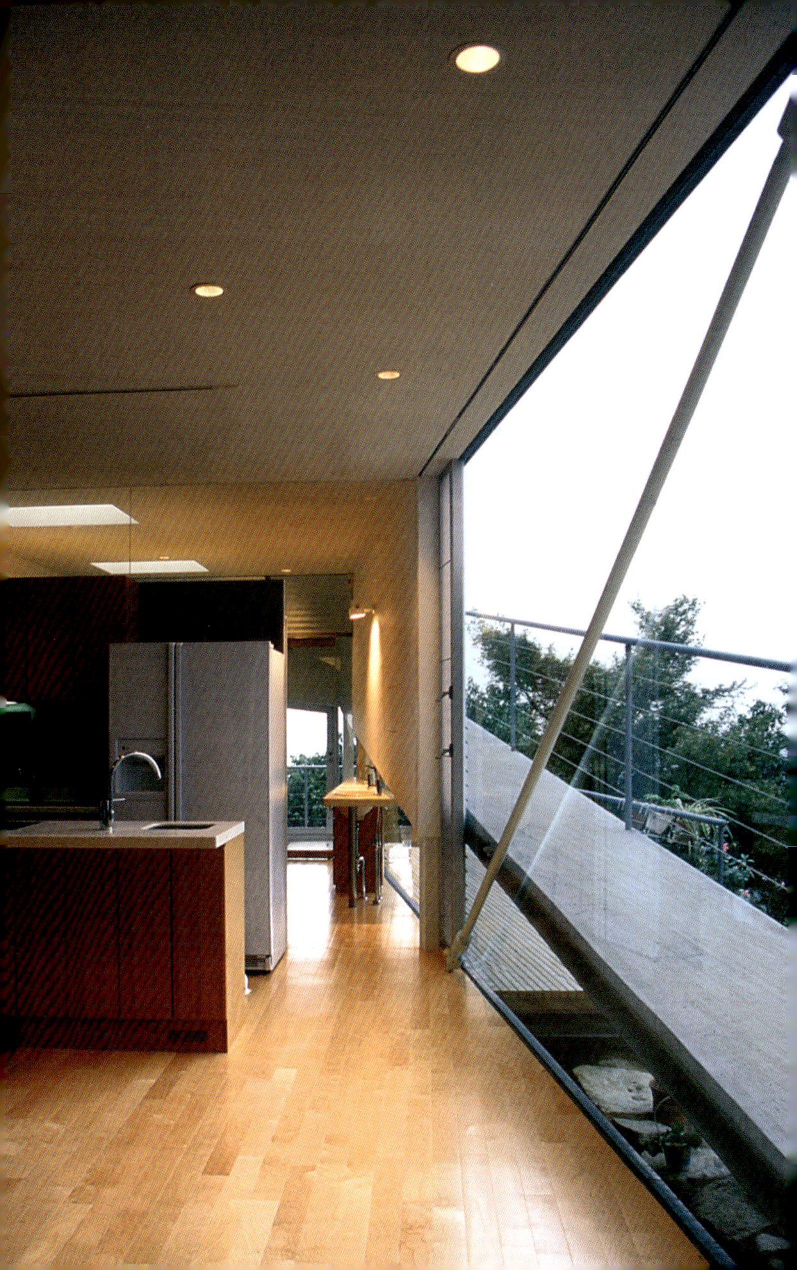

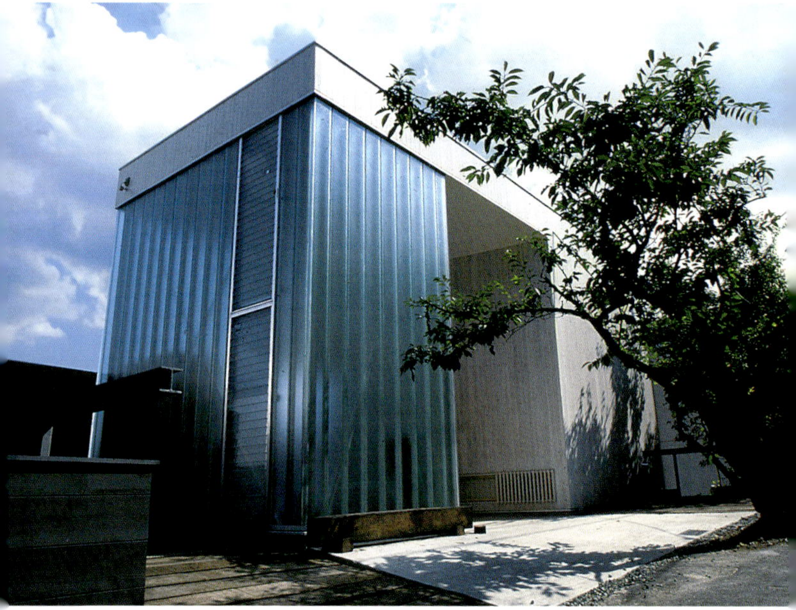

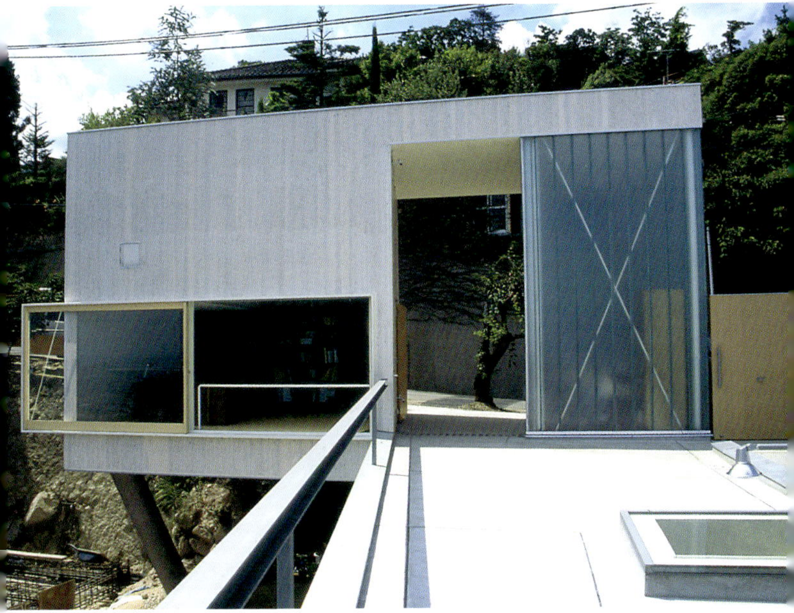

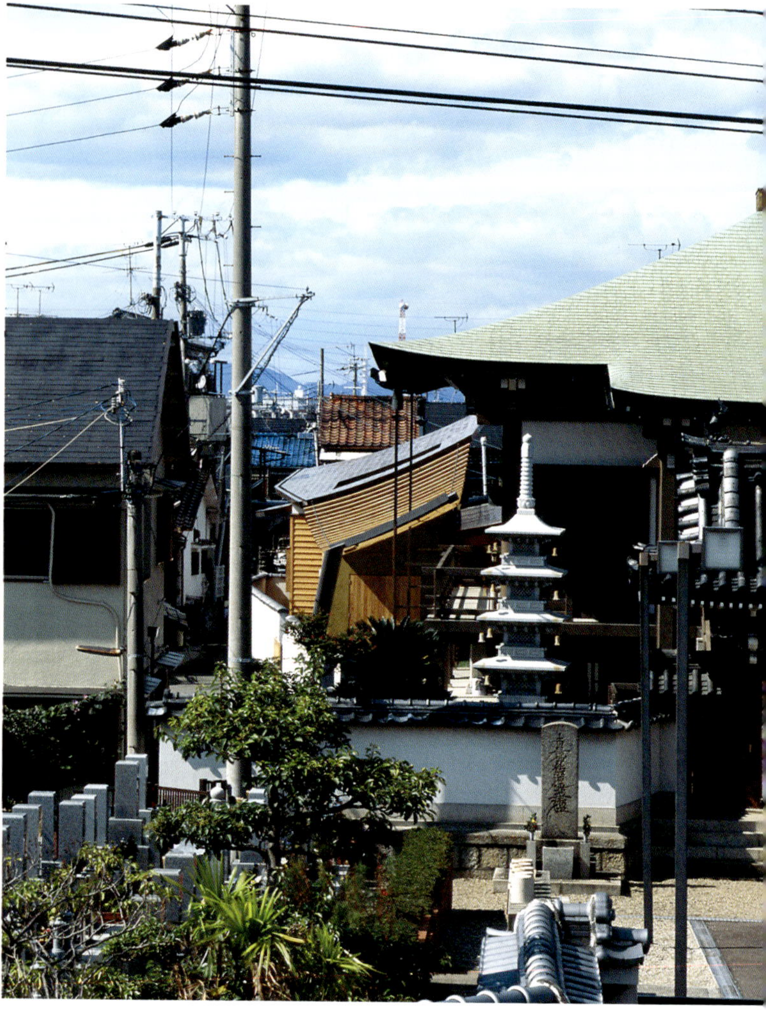

2002   SUGARUKARAHAFU

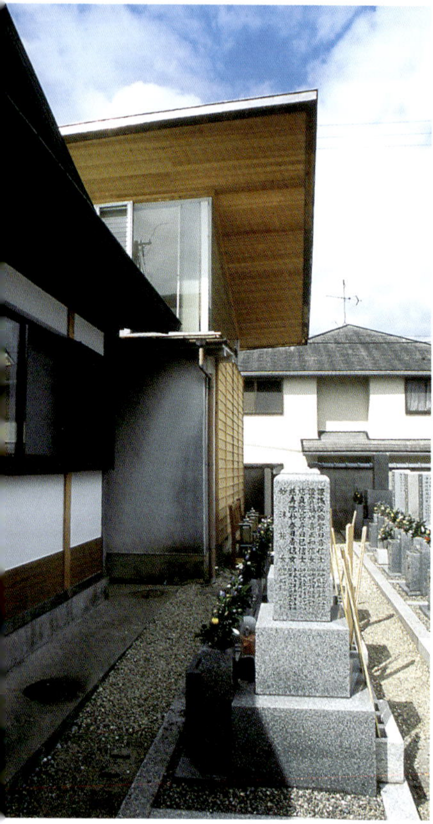

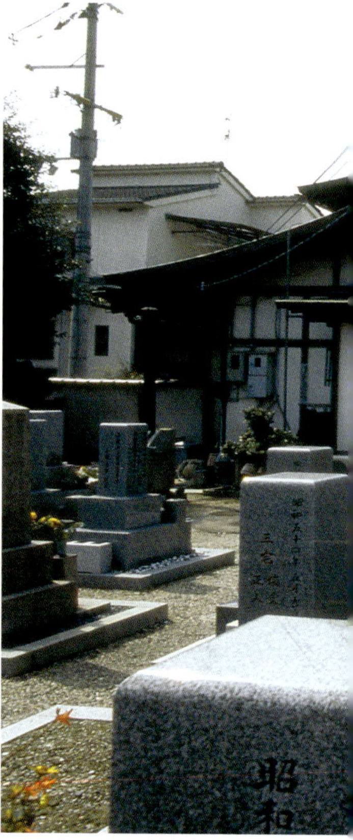
昭和

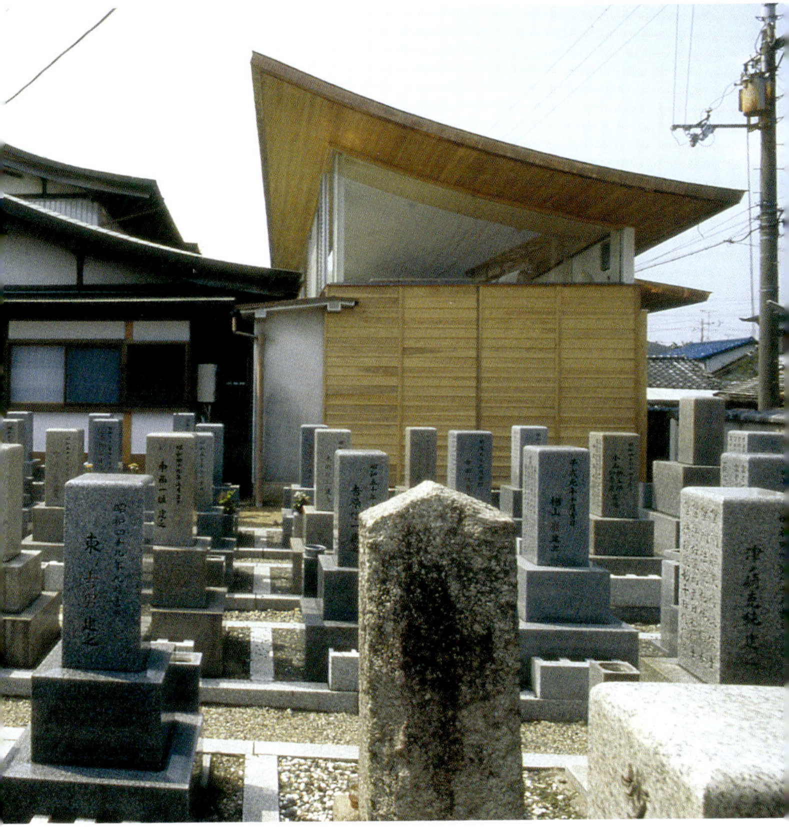

site plan **planimetria generale**

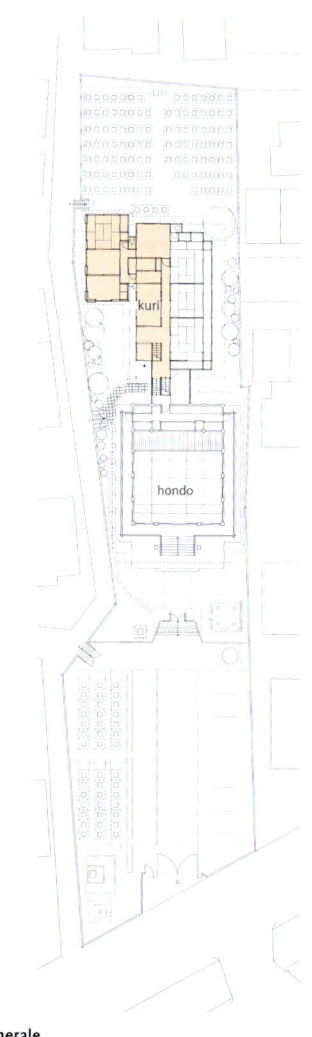

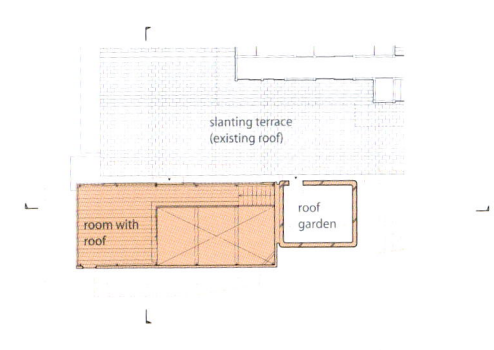

first floor plan **pianta primo piano**

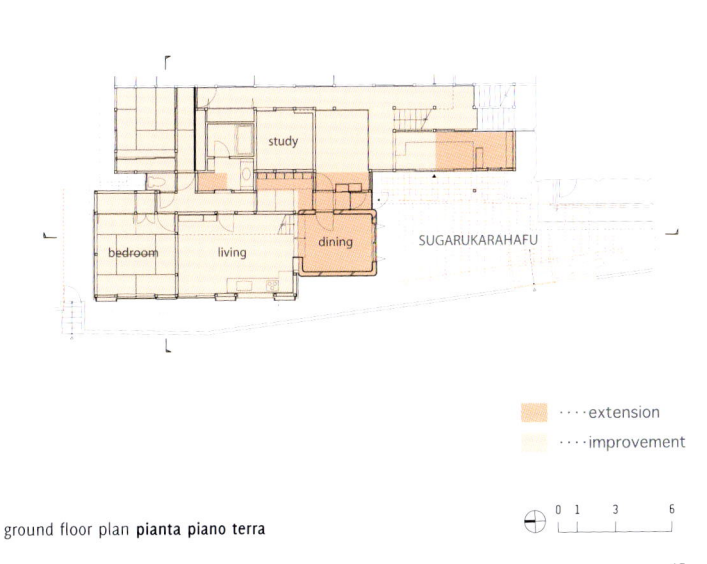

ground floor plan **pianta piano terra**

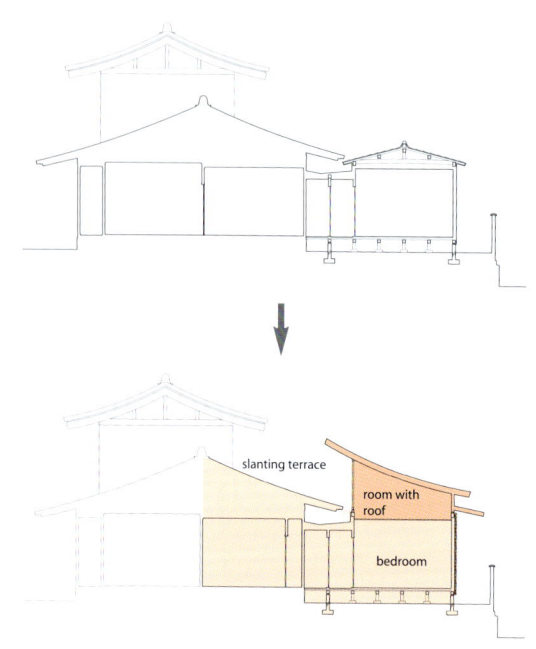

cross section **sezione trasversale**

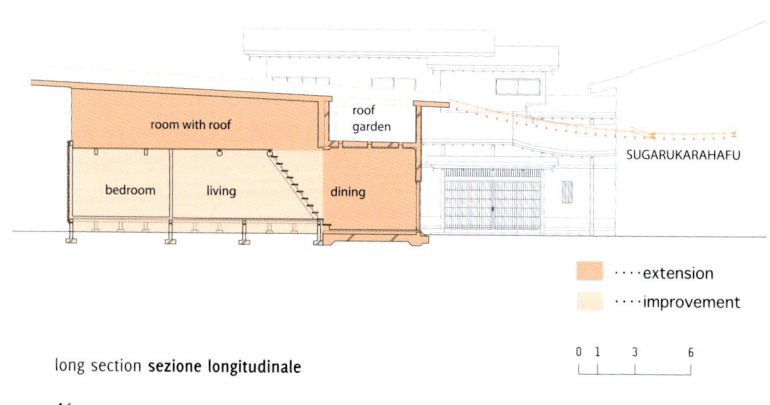

long section **sezione longitudinale**

·····extension
·····improvement

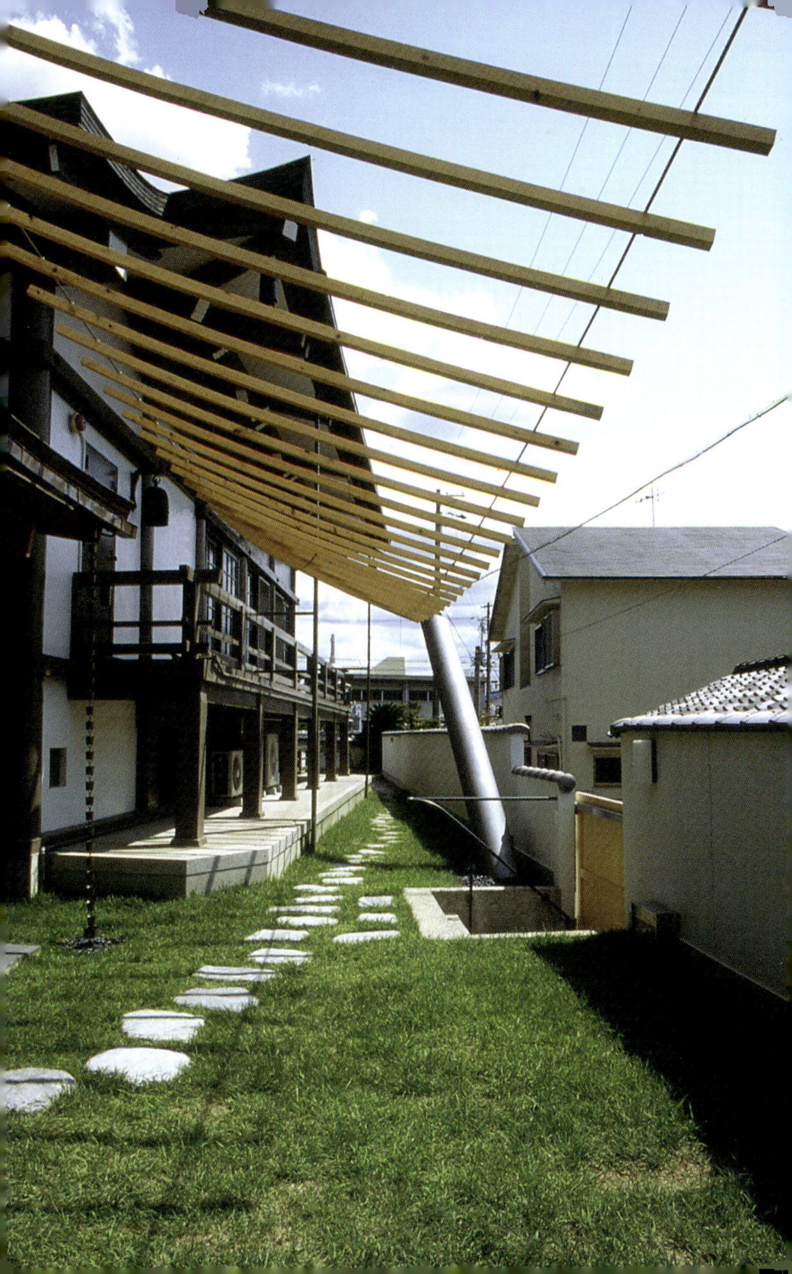

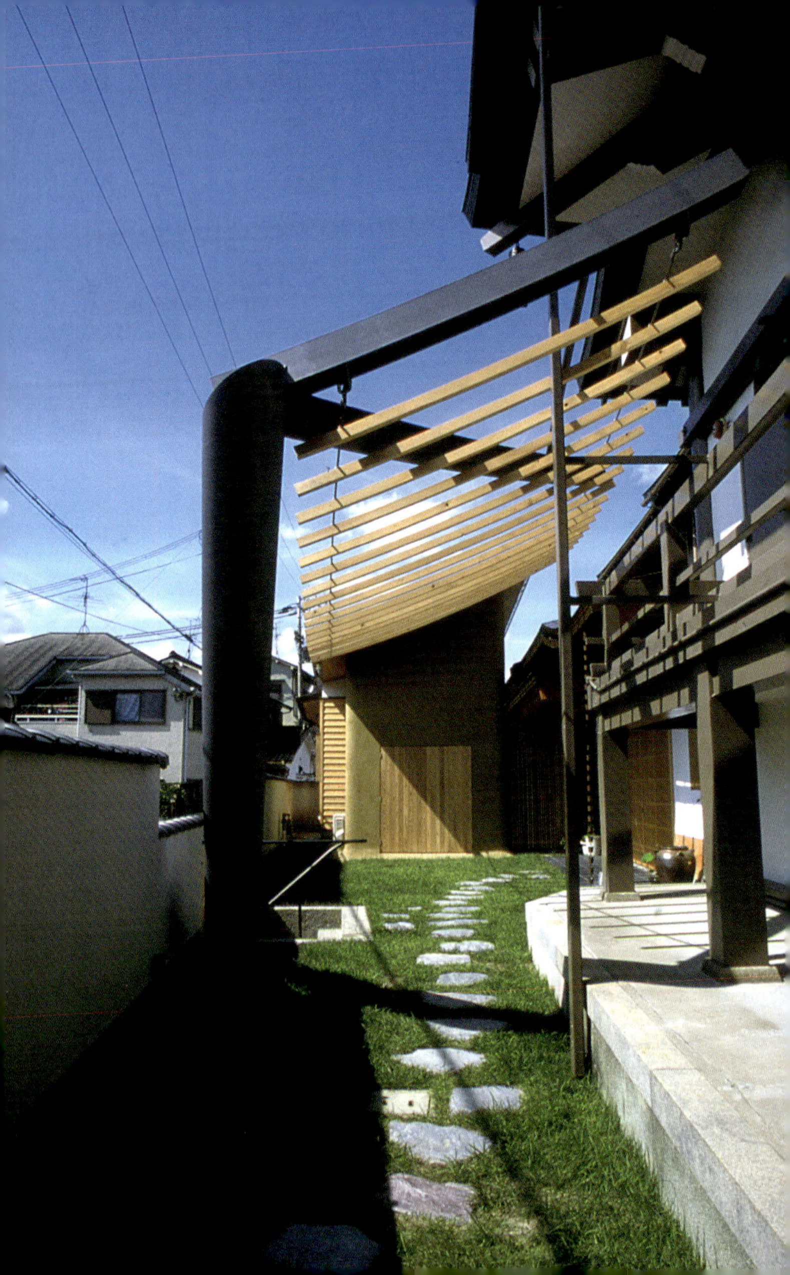

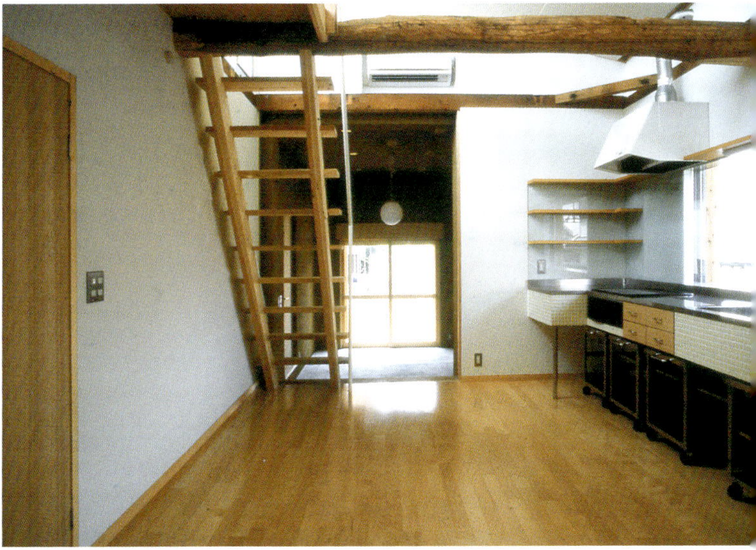

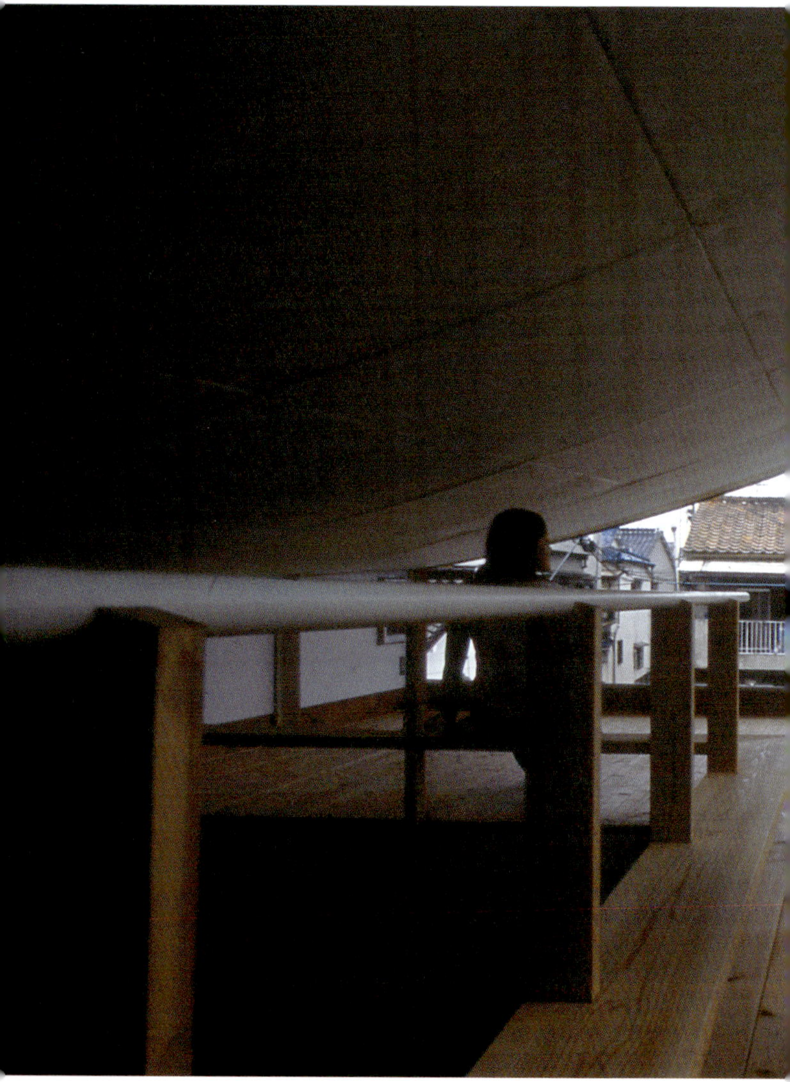

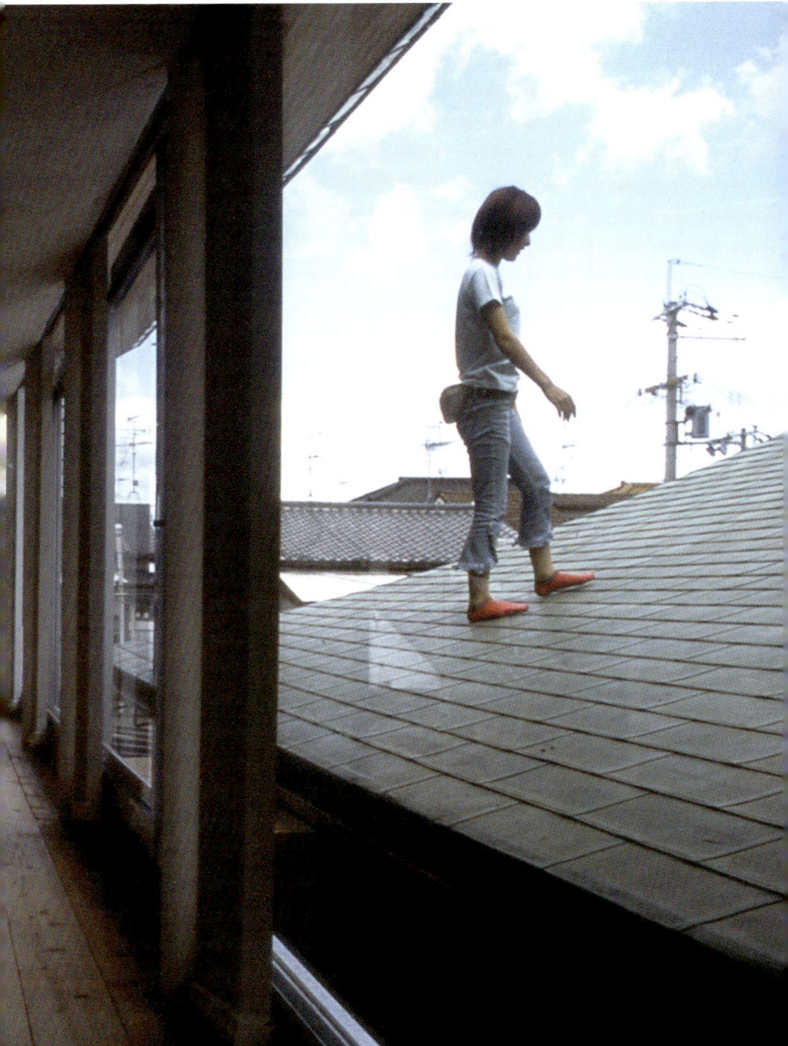

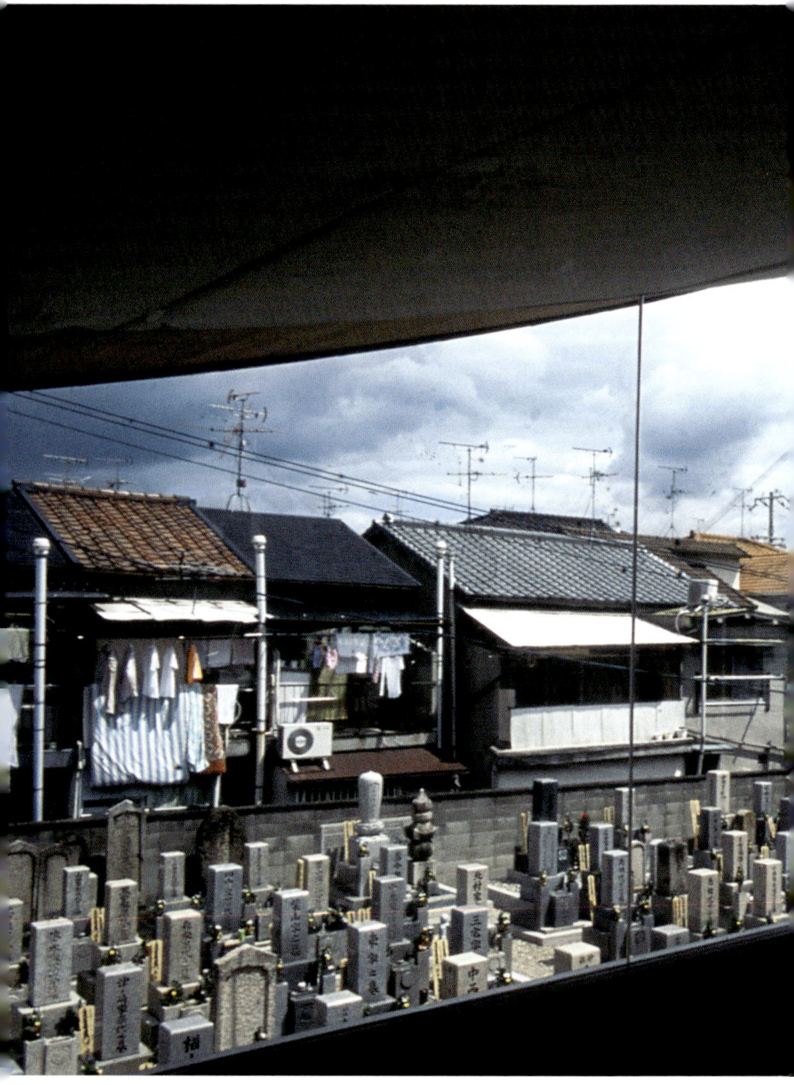

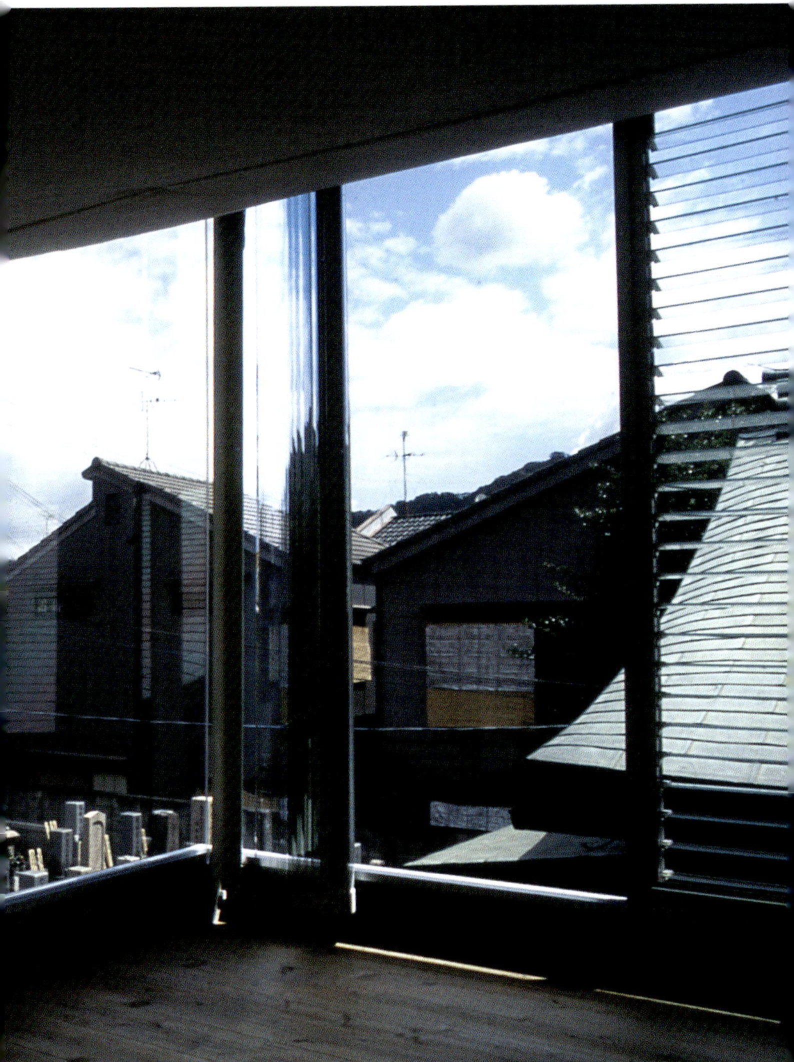

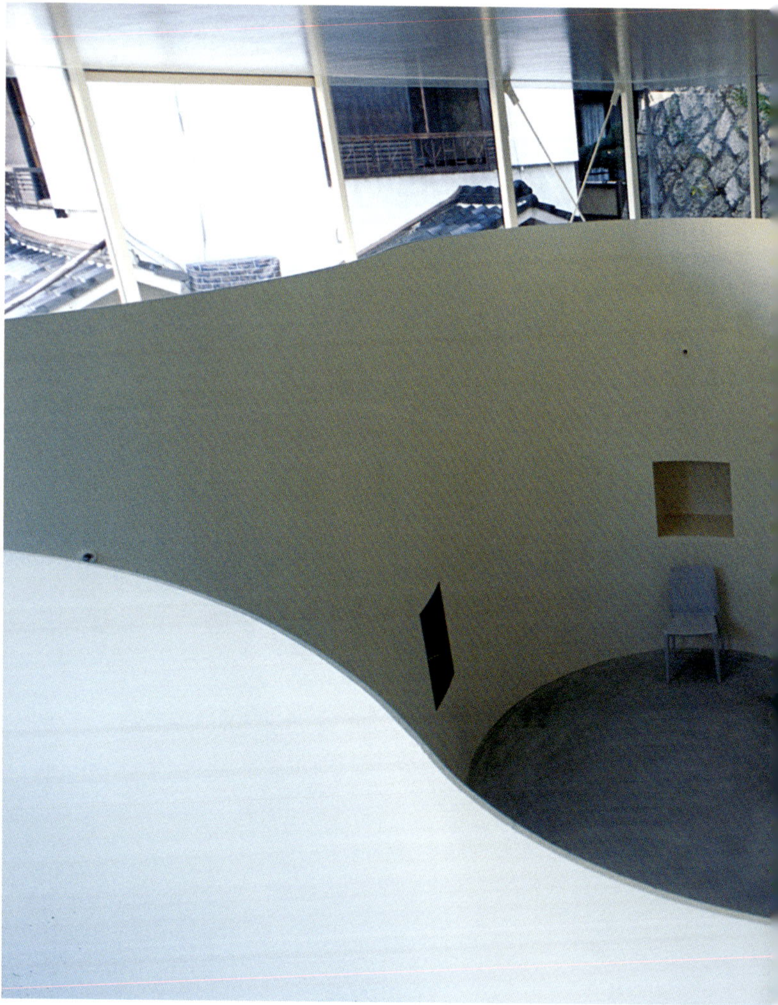

2006   CLOVER HOUSE

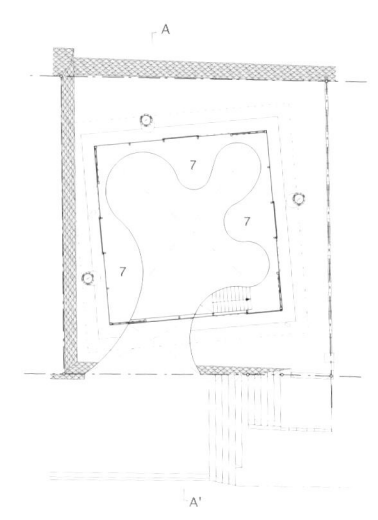

loft plan **pianta loft**

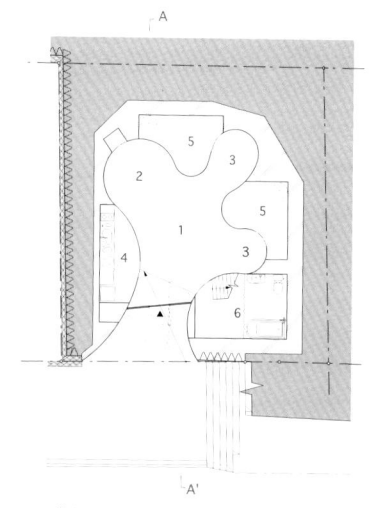

1 living room 2 dining room 3 children's space
4 kitchen 5 children's room 6 bathroom 7 loft

basement floor plan **pianta seminterrato**

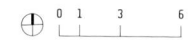

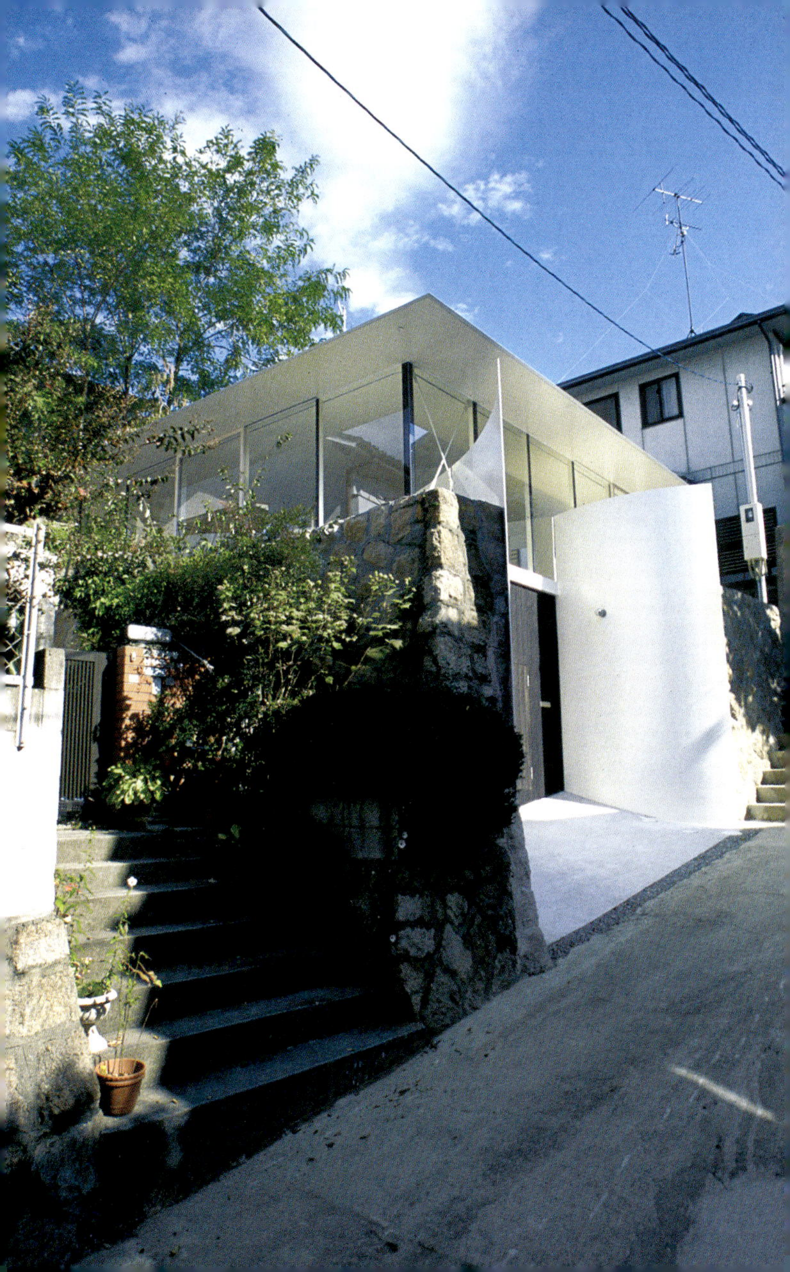

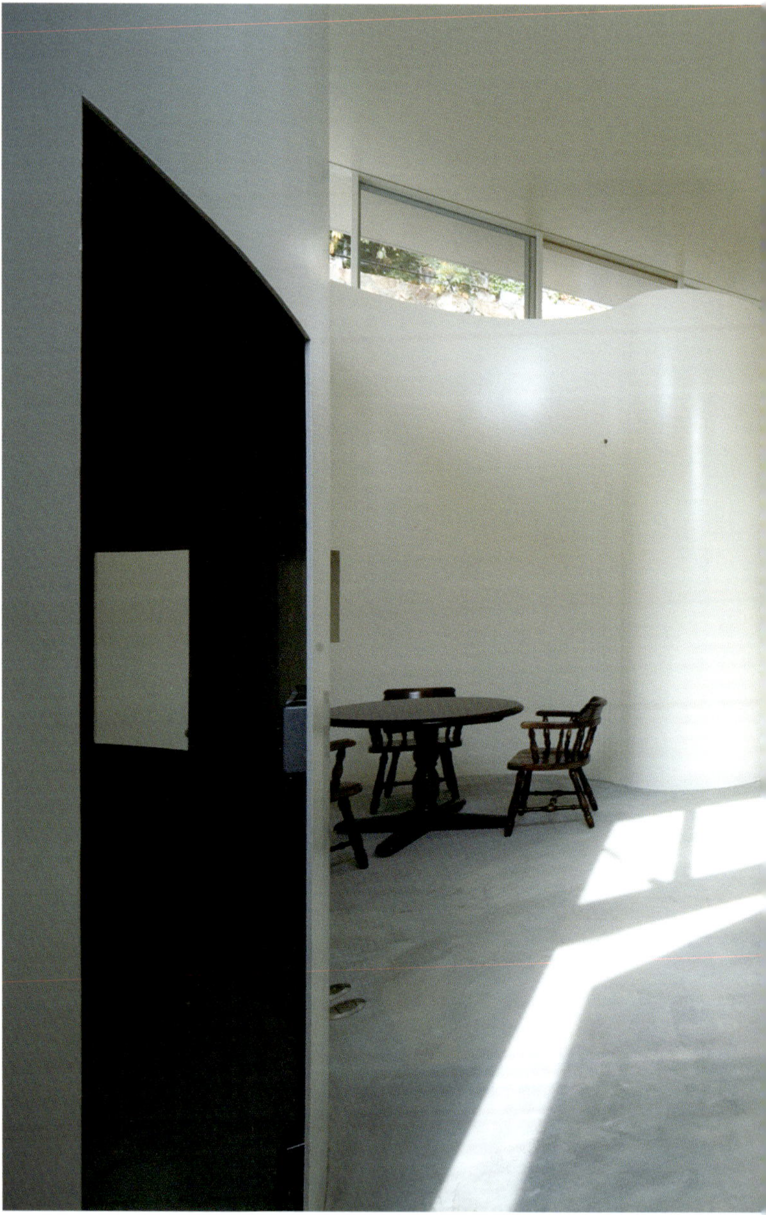

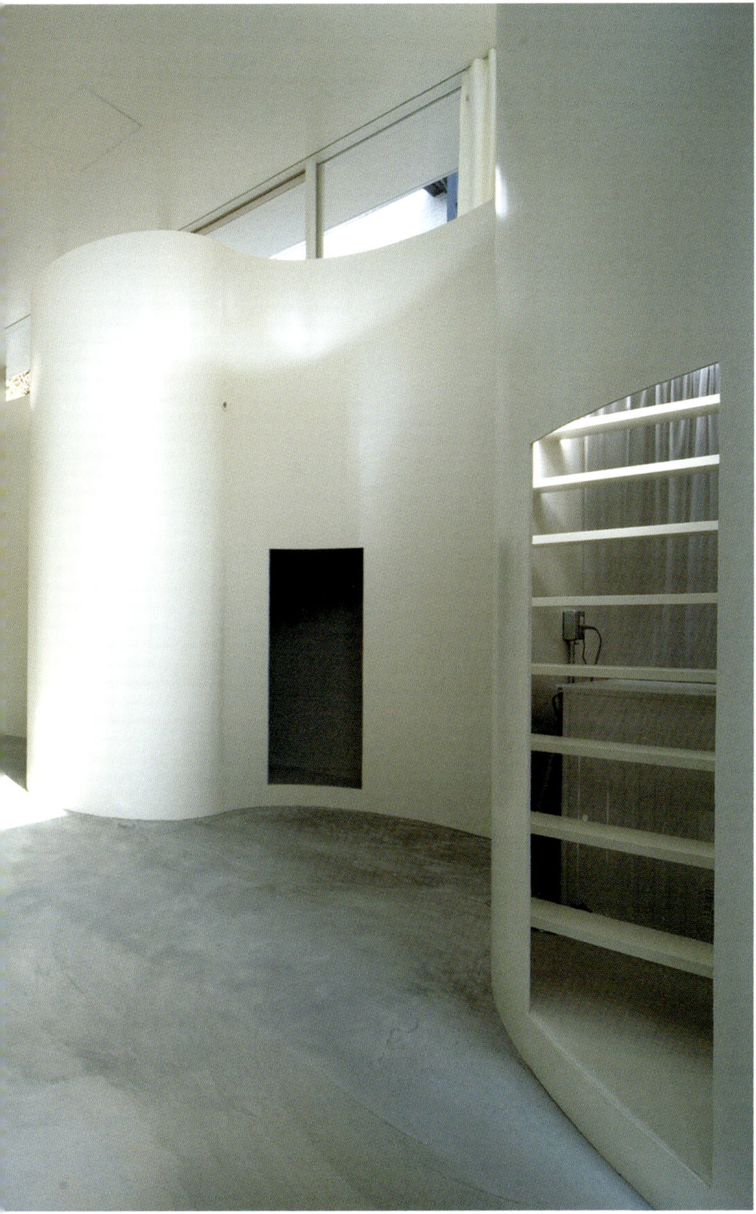

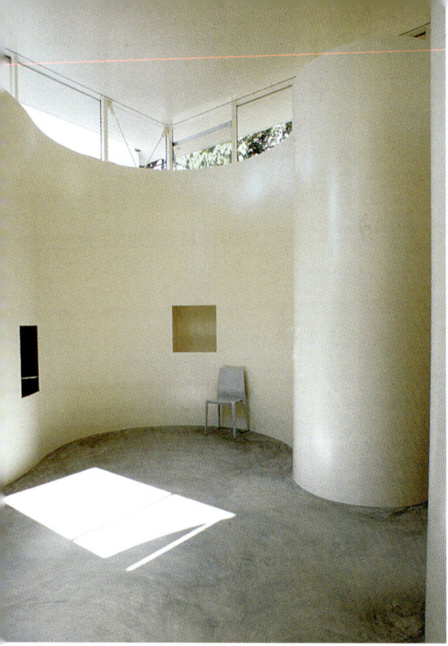

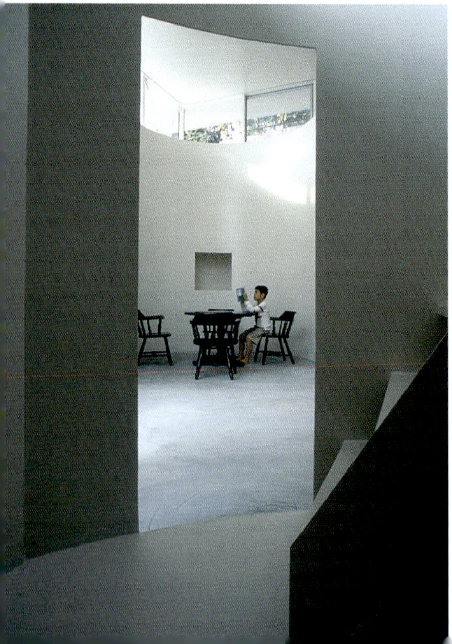

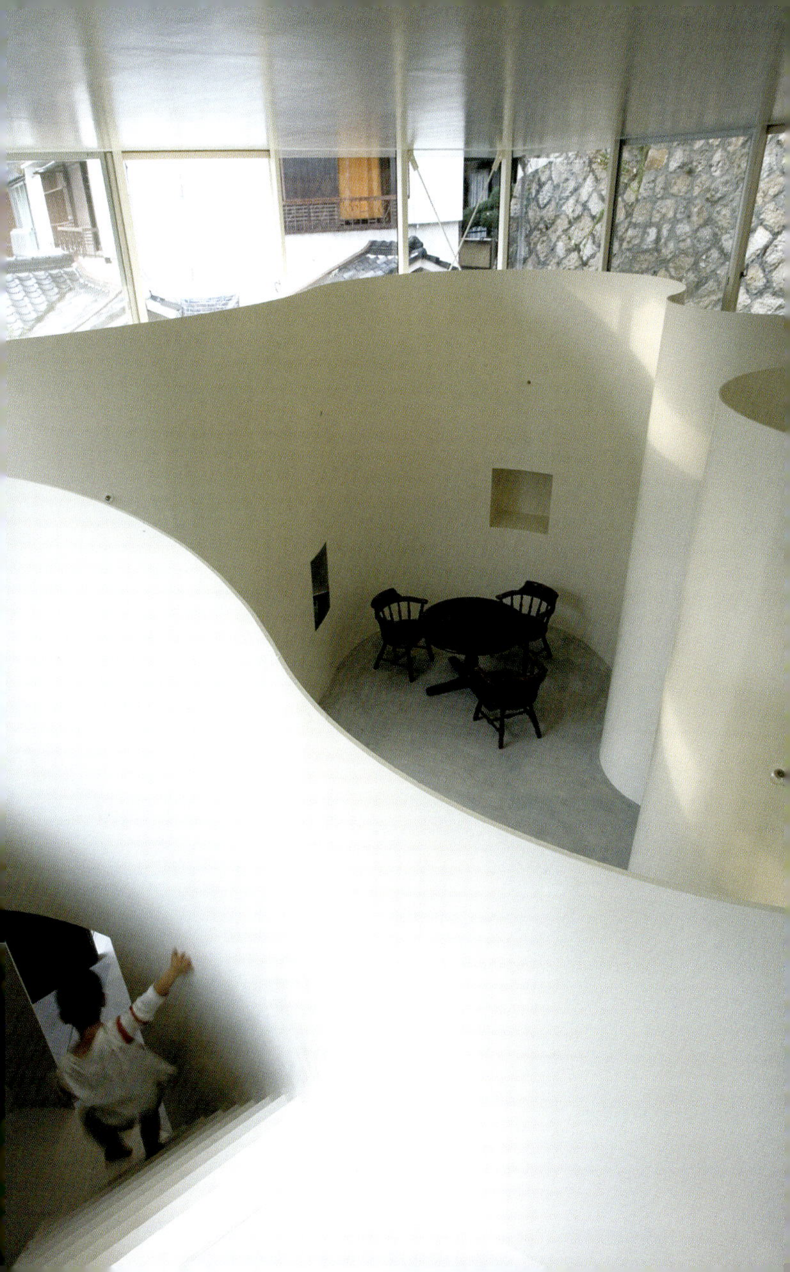

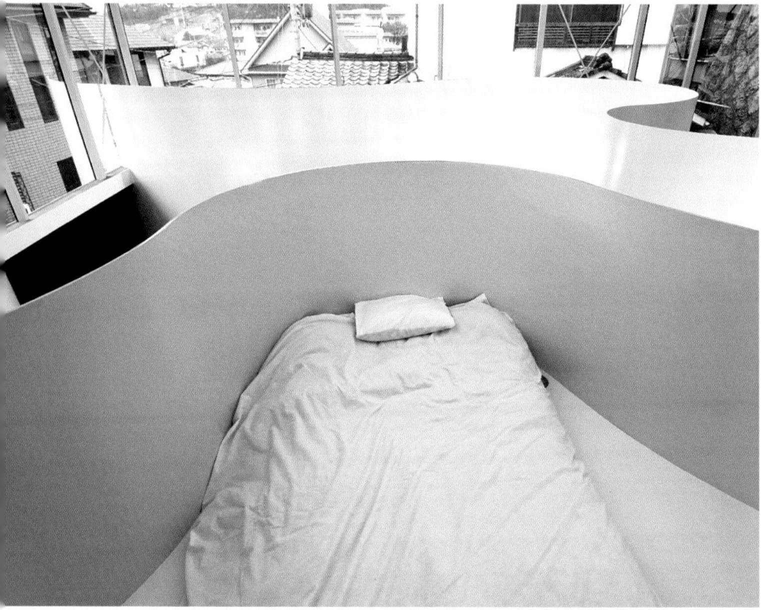

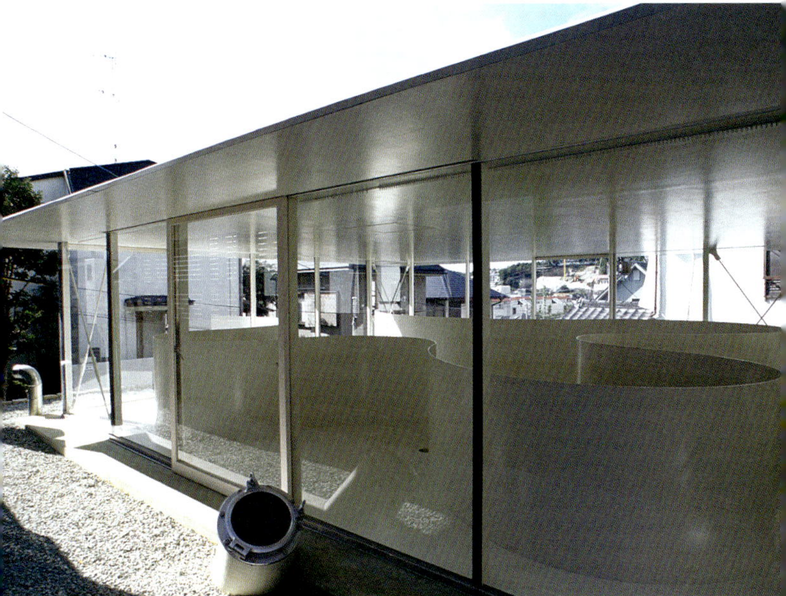

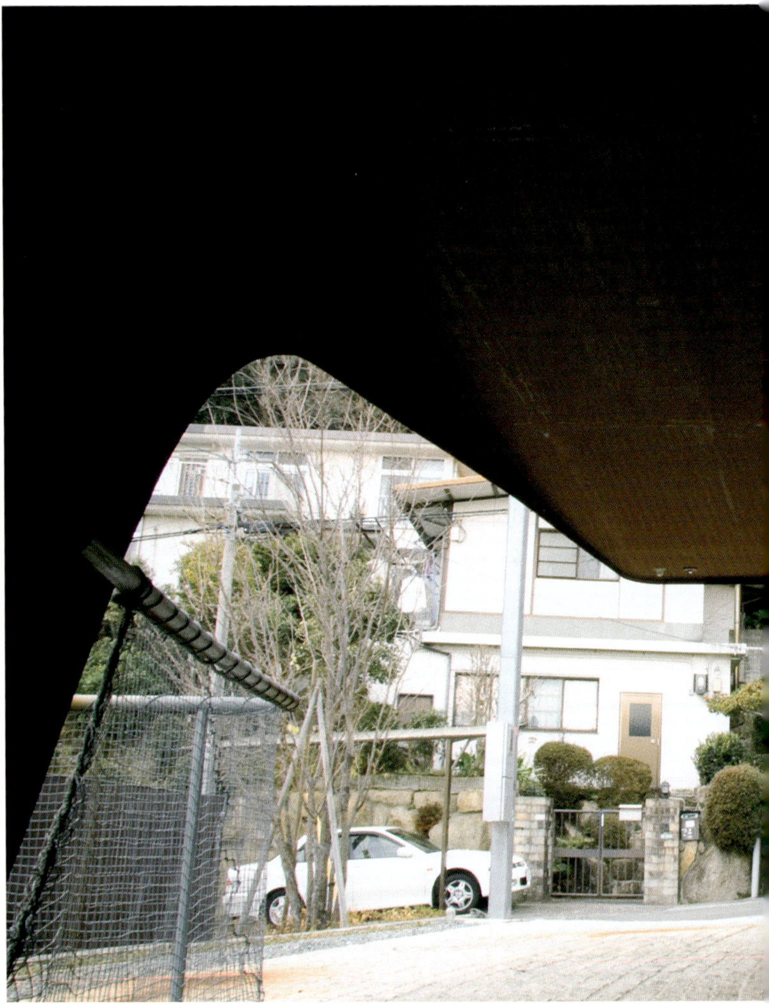

2006   SHIP

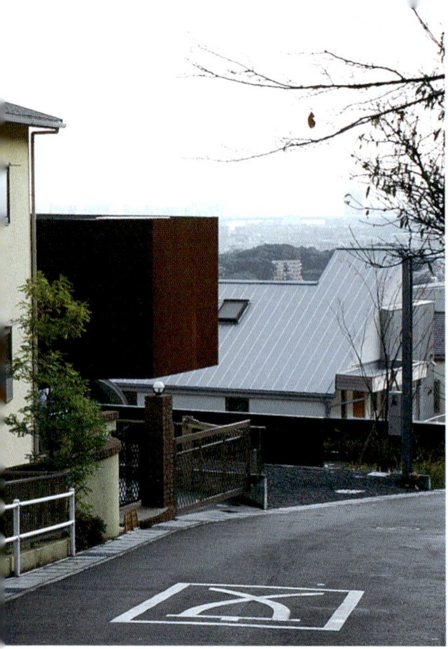

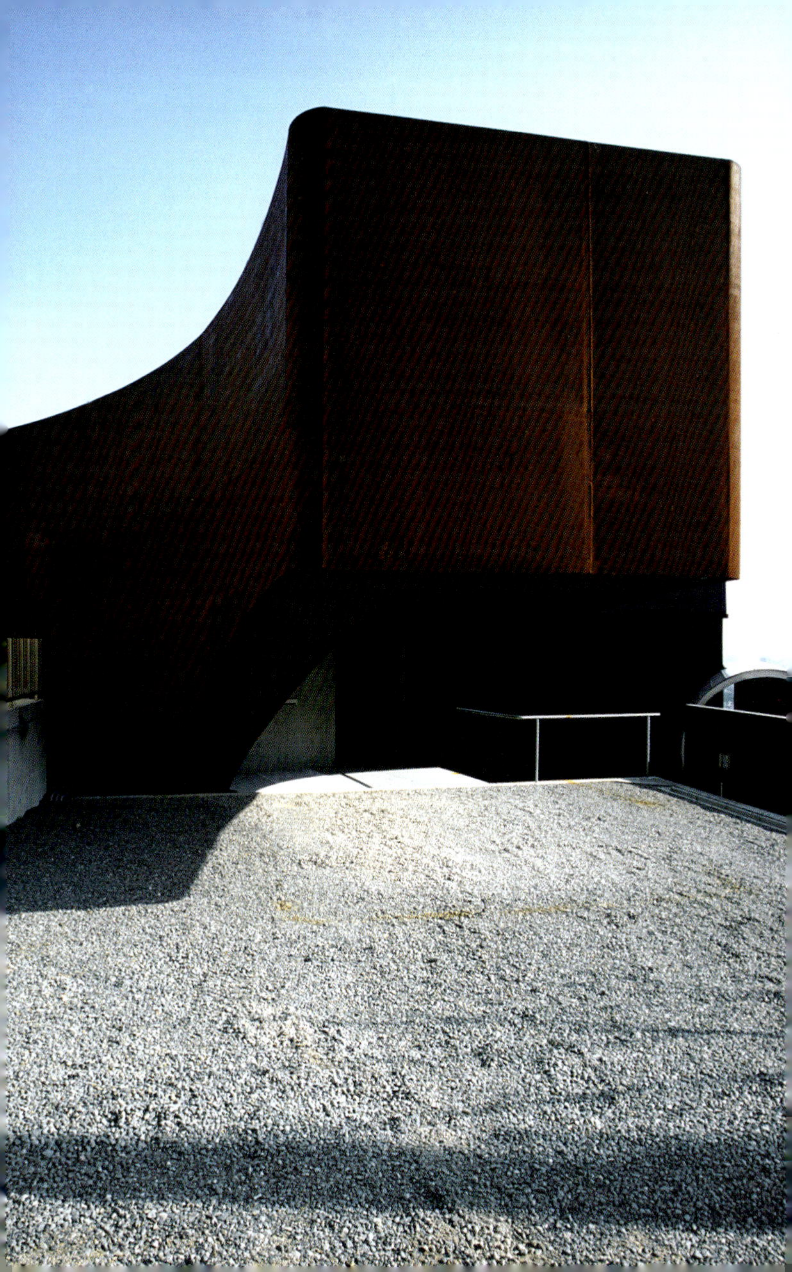

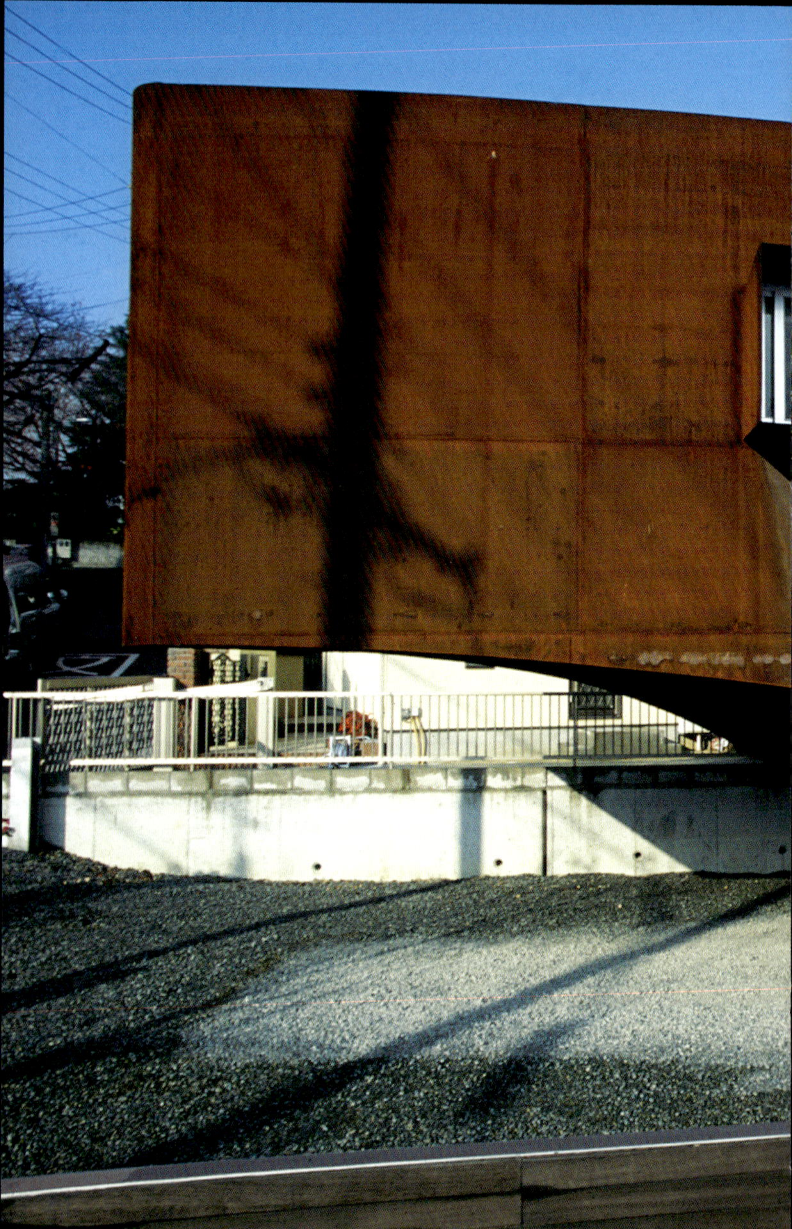

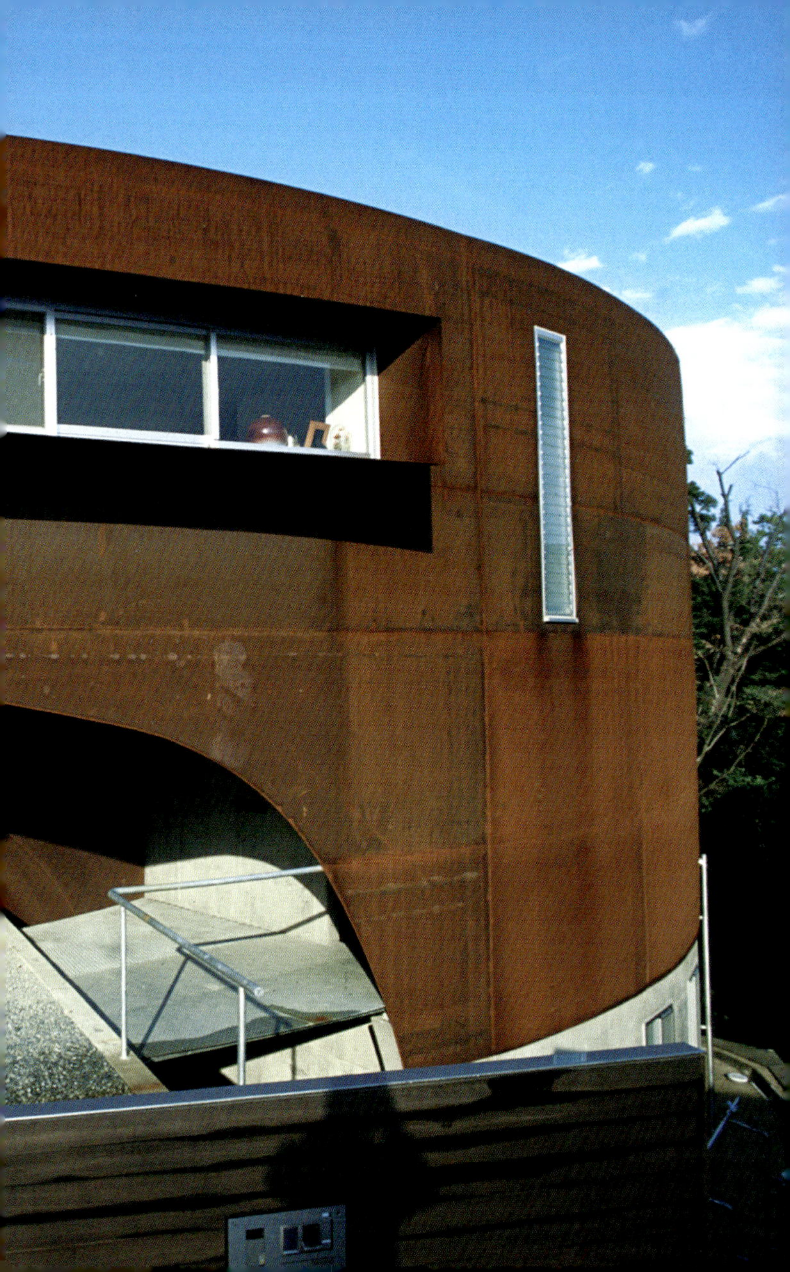

ground floor plan **pianta piano terra**

basament floor plan **pianta seminterrato**

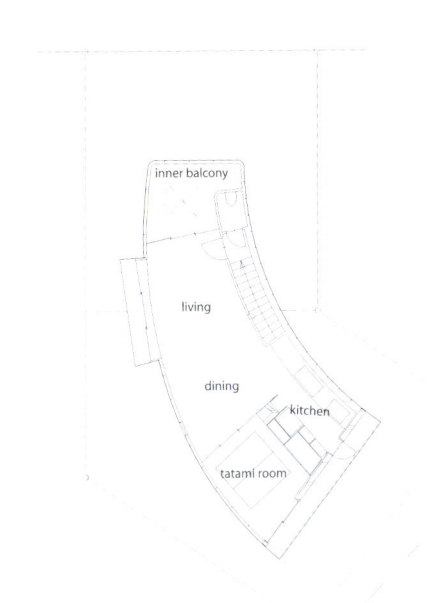

first floor plan **pianta primo piano**

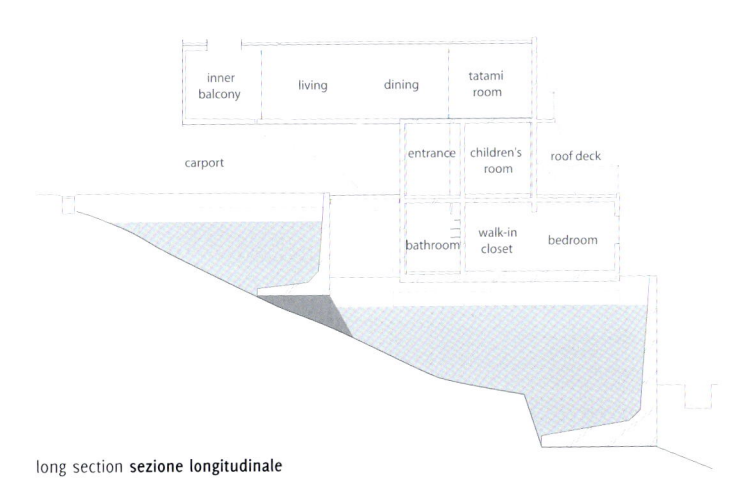

long section **sezione longitudinale**

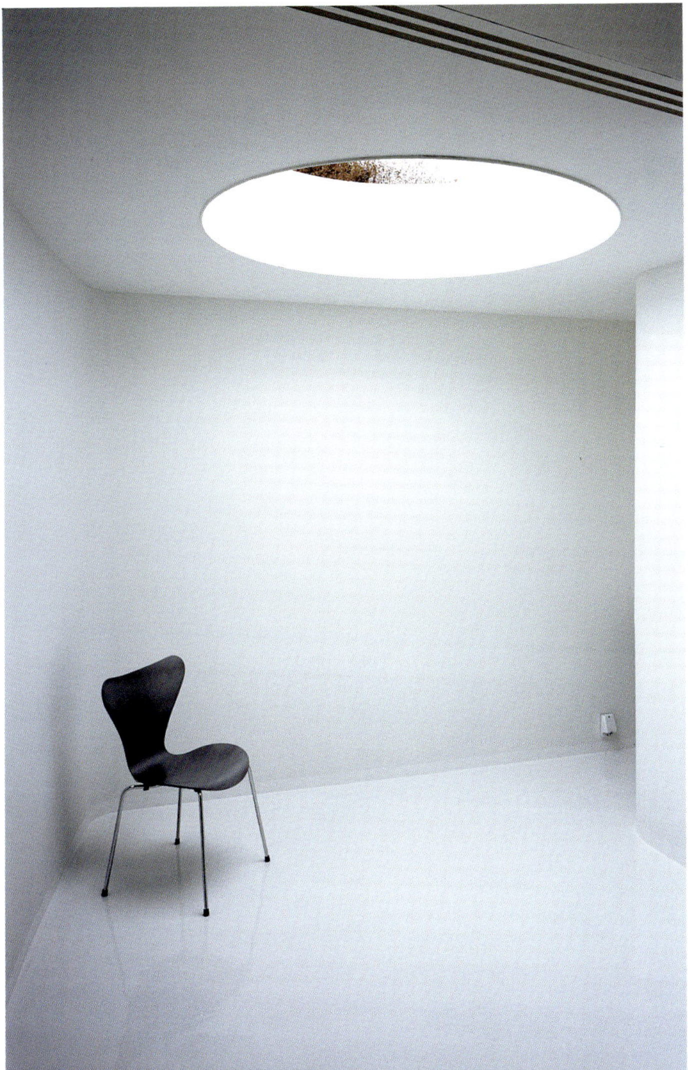

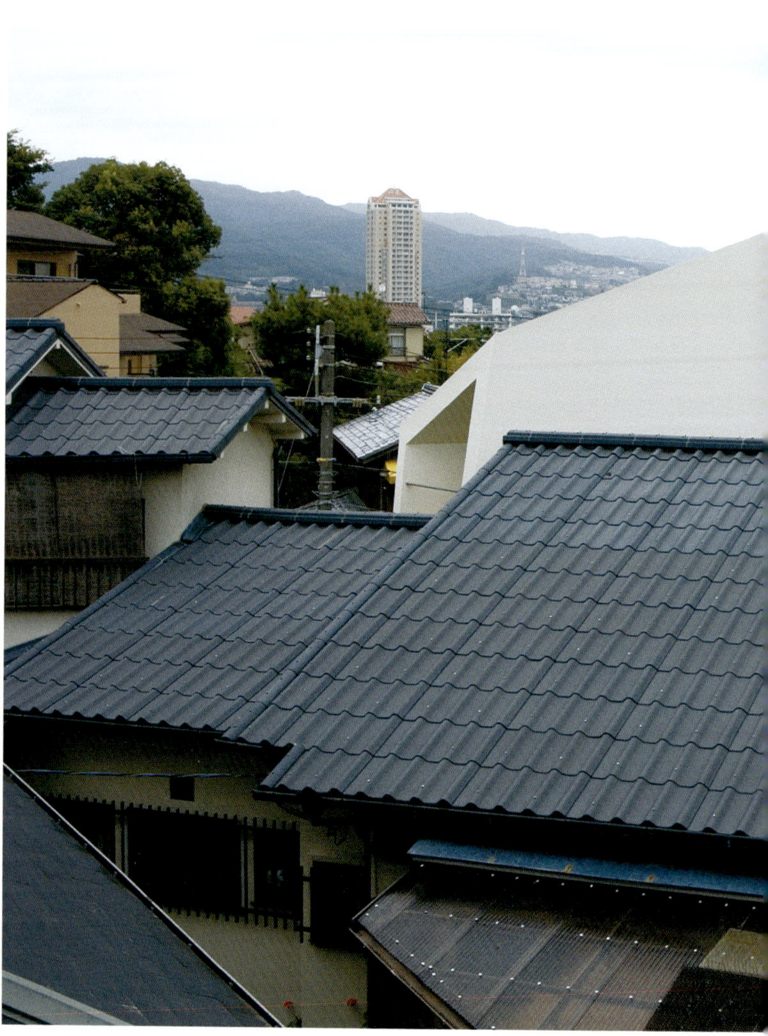

2006   GRAPPA

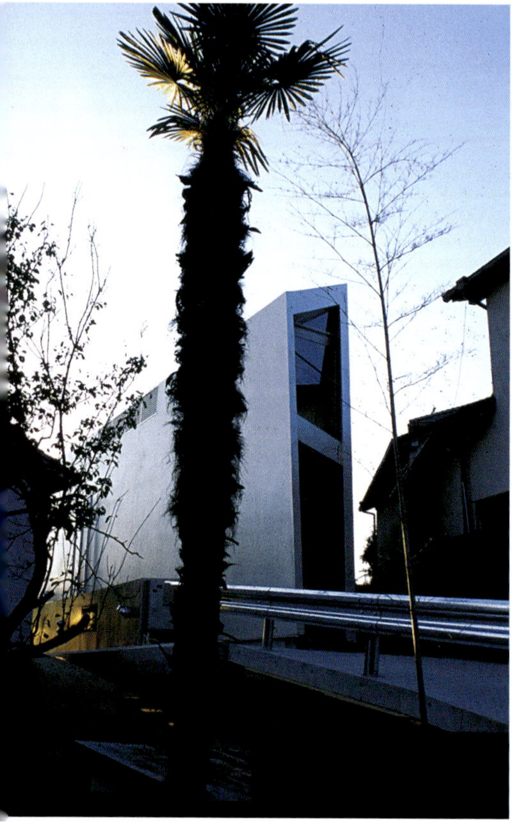

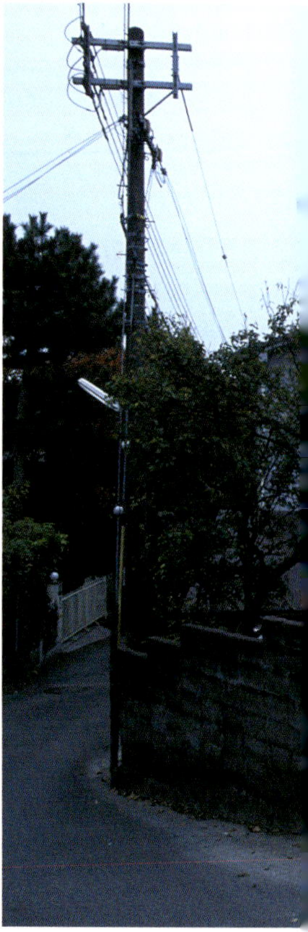

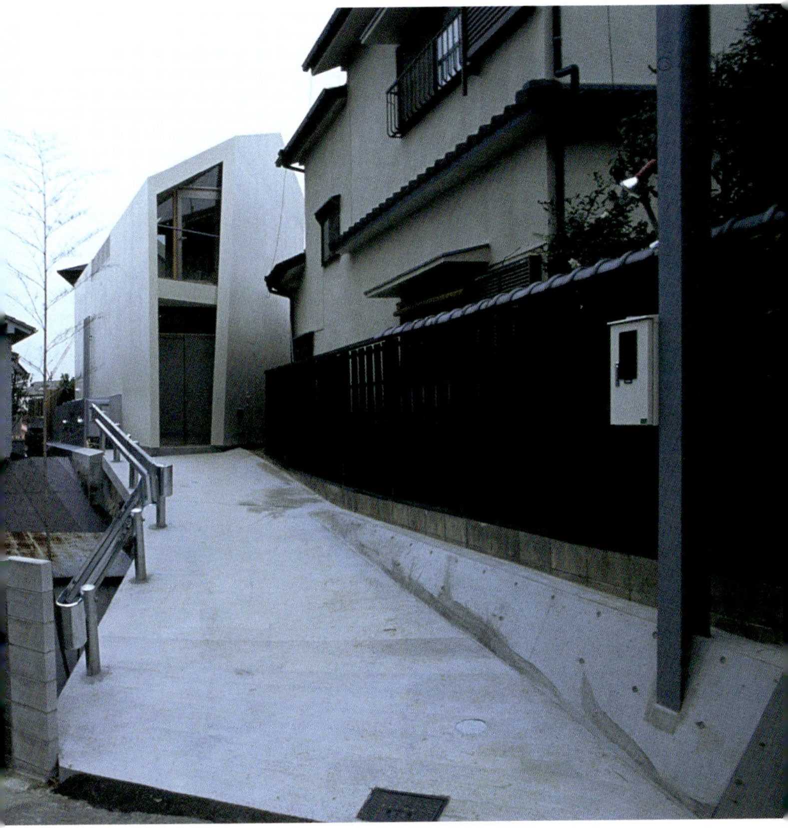

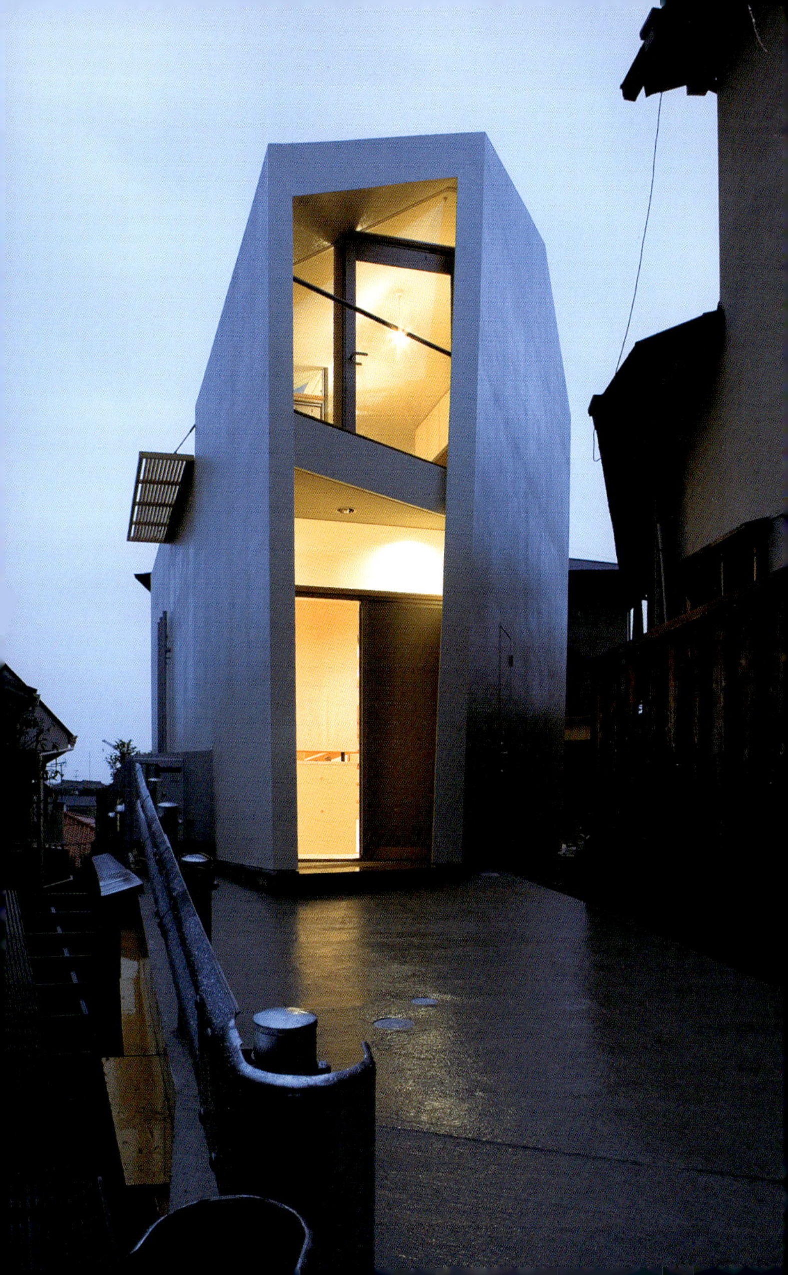

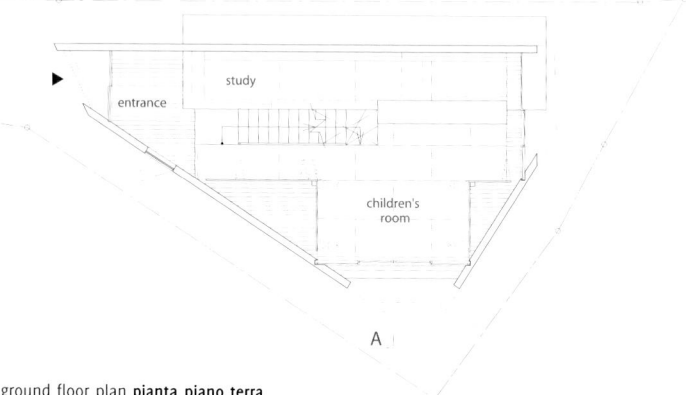

ground floor plan **pianta piano terra**

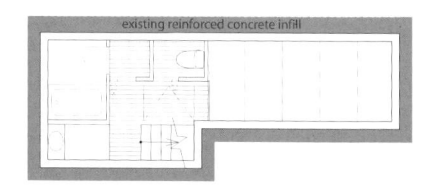

existing reinforced concrete infill

basament floor plan **pianta seminterrato**

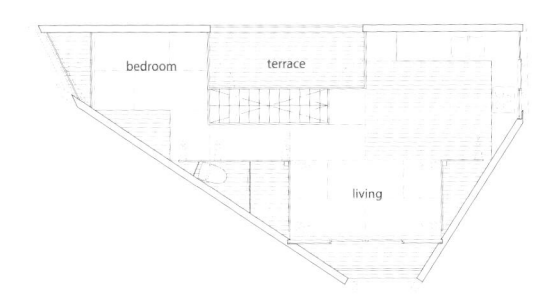

first floor plan **pianta primo piano**

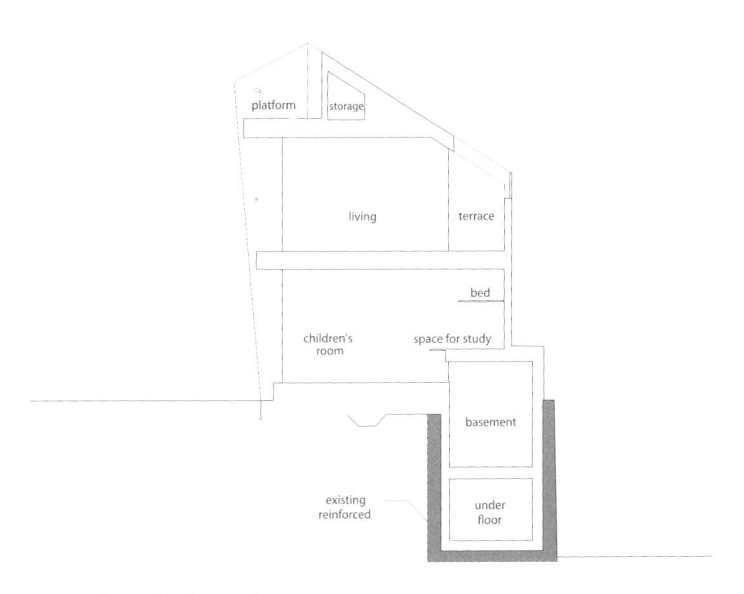

cross section **sezione trasversale**

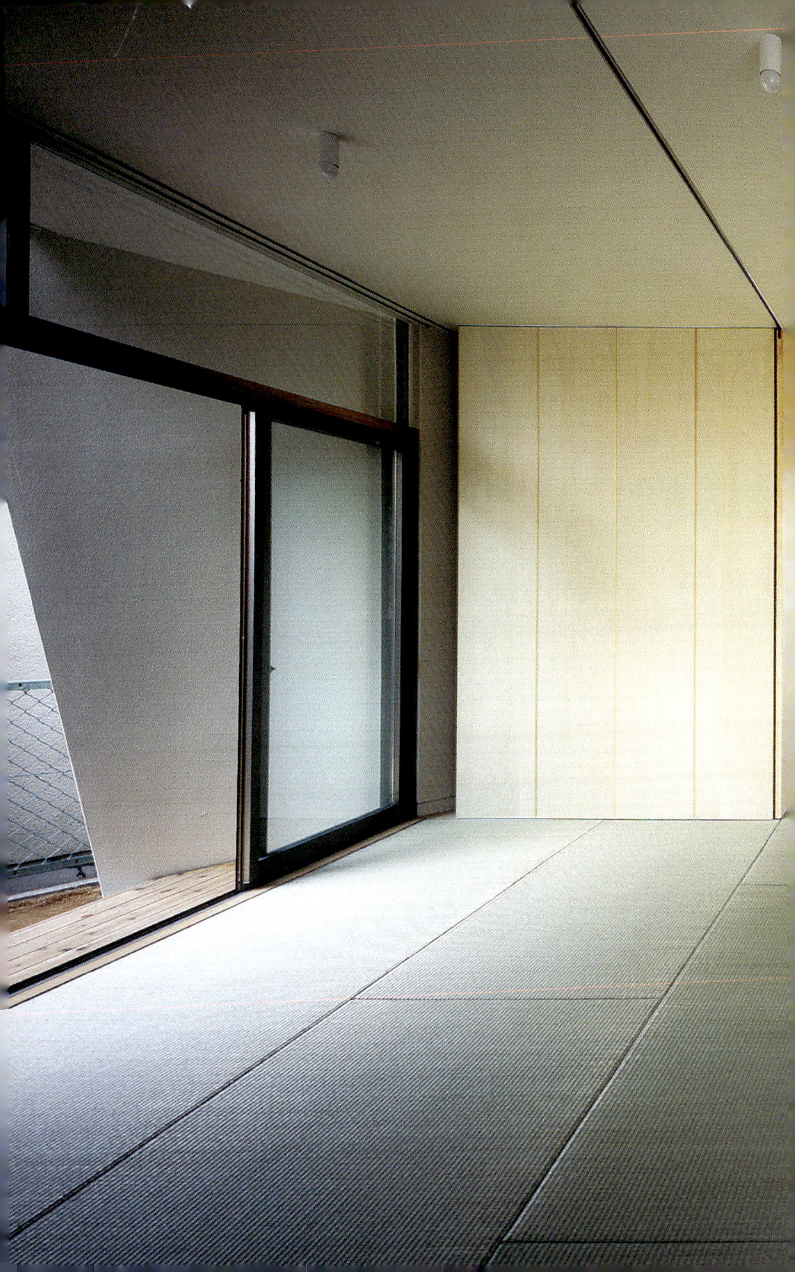

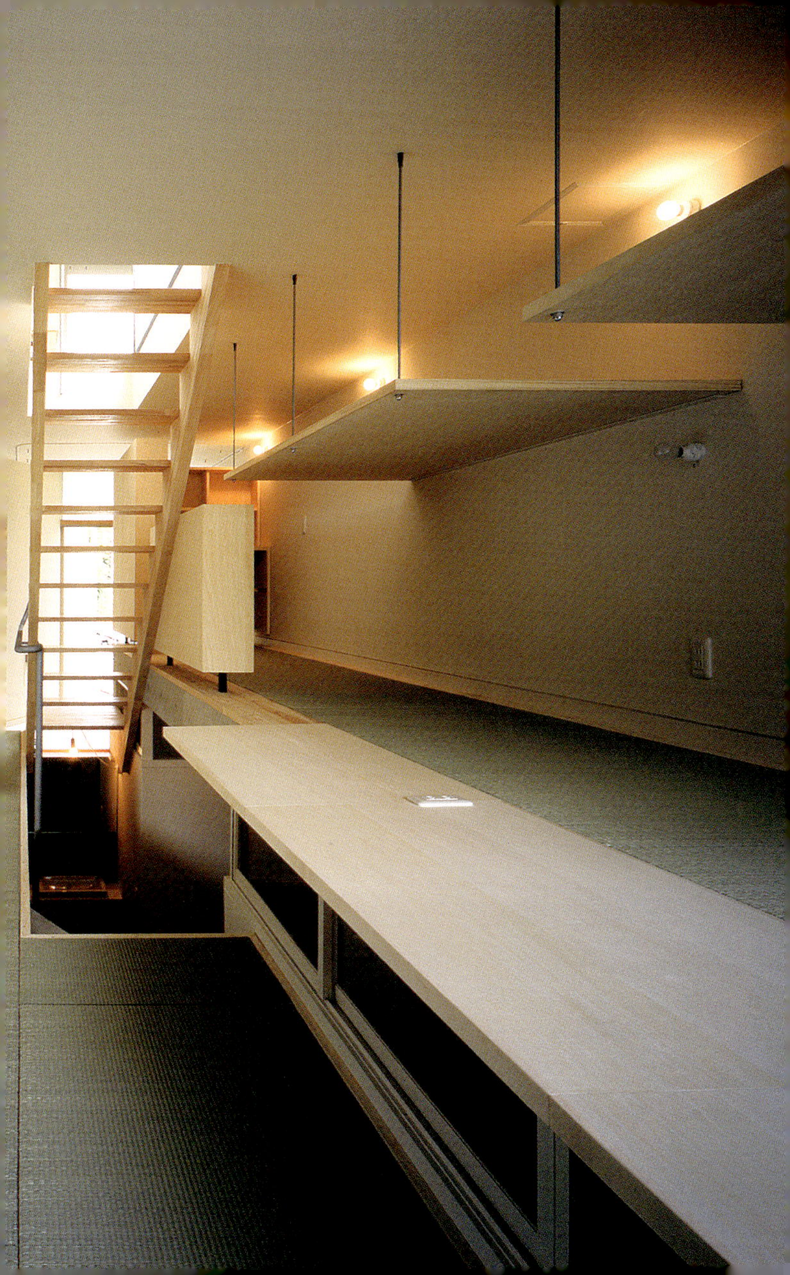

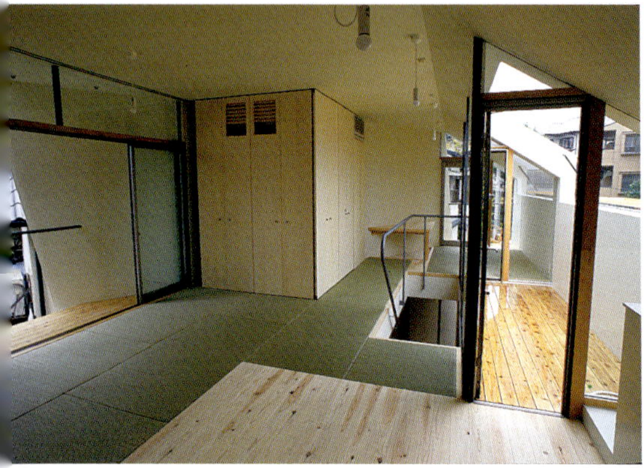

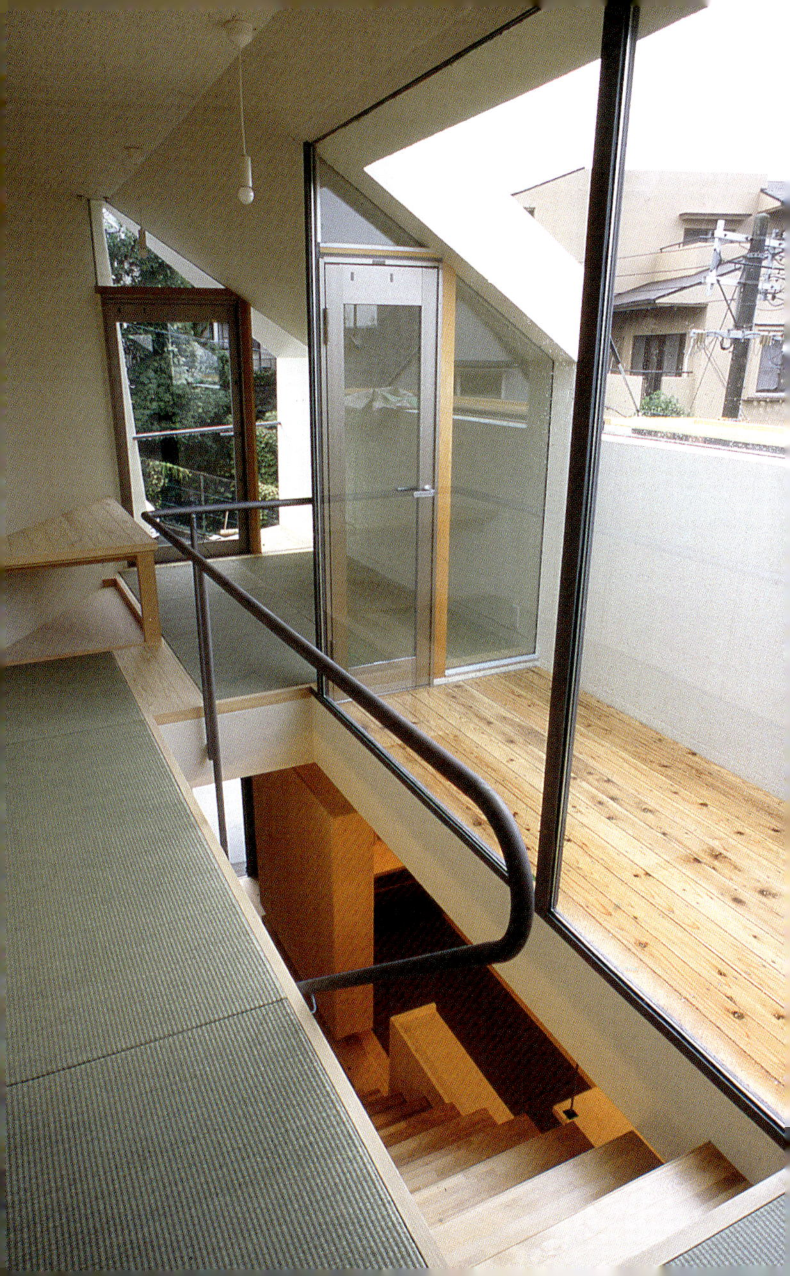

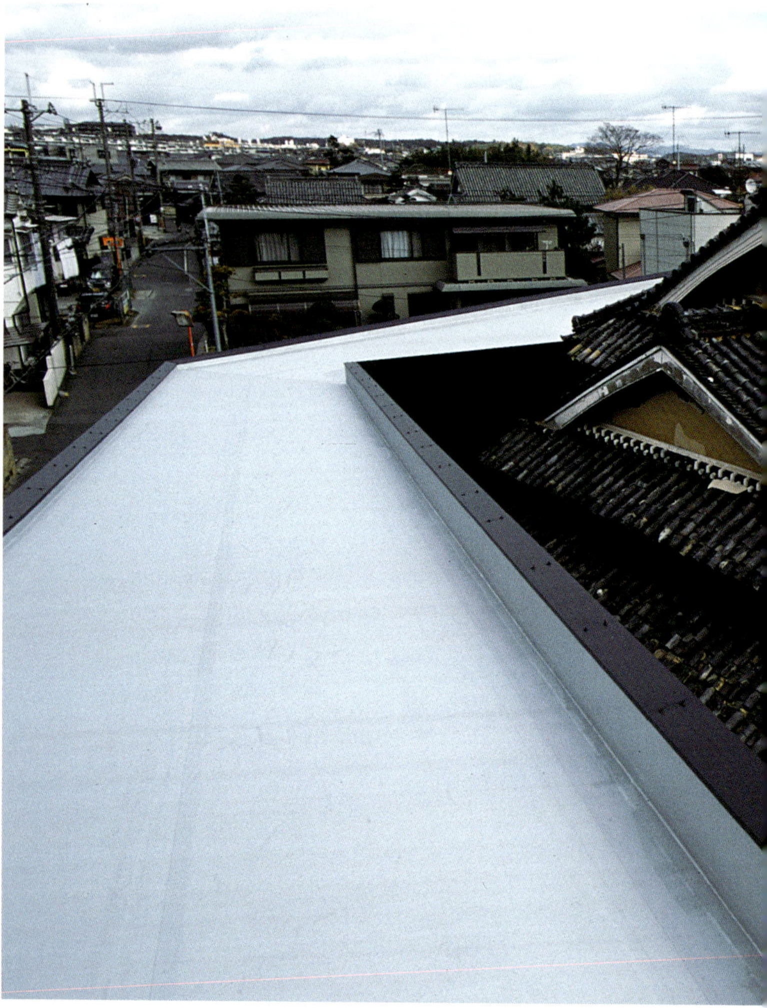

2007   HANKAI HOUSE

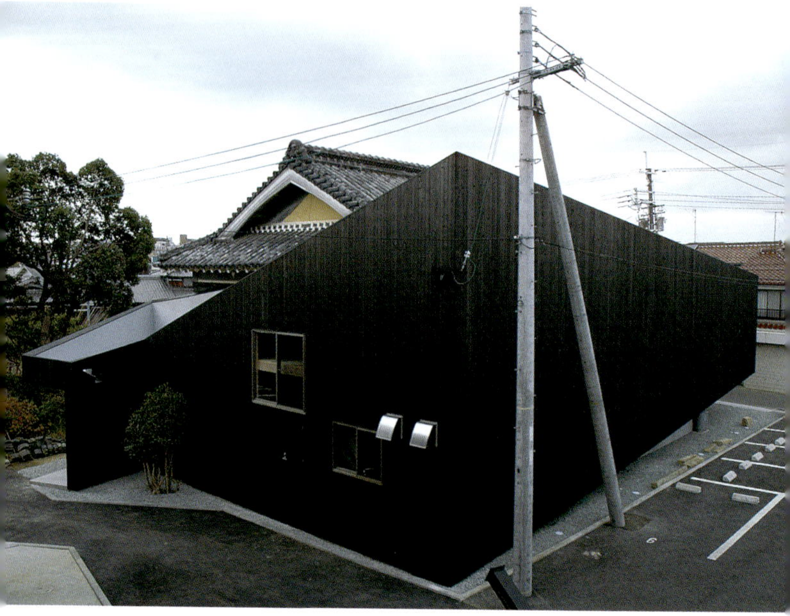

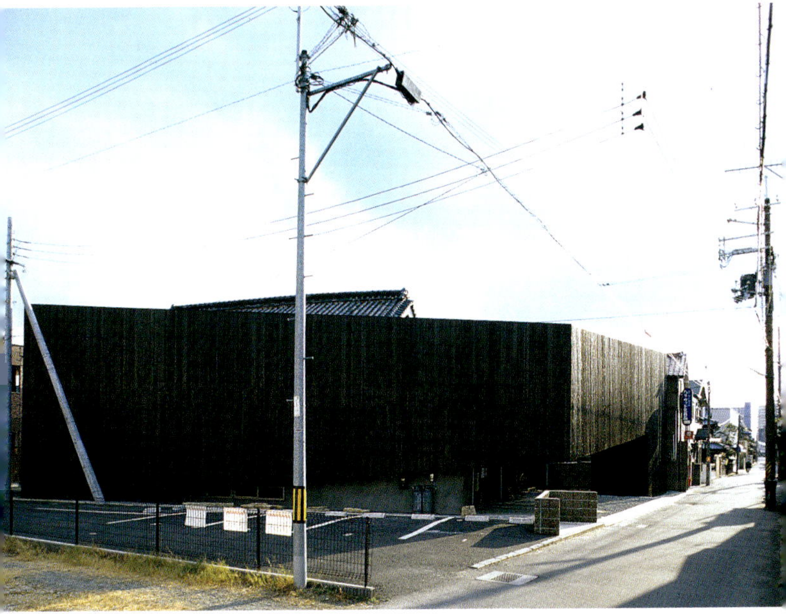

new volume ▨ exsiting

0　5　10　20

site plan **planimetria generale**

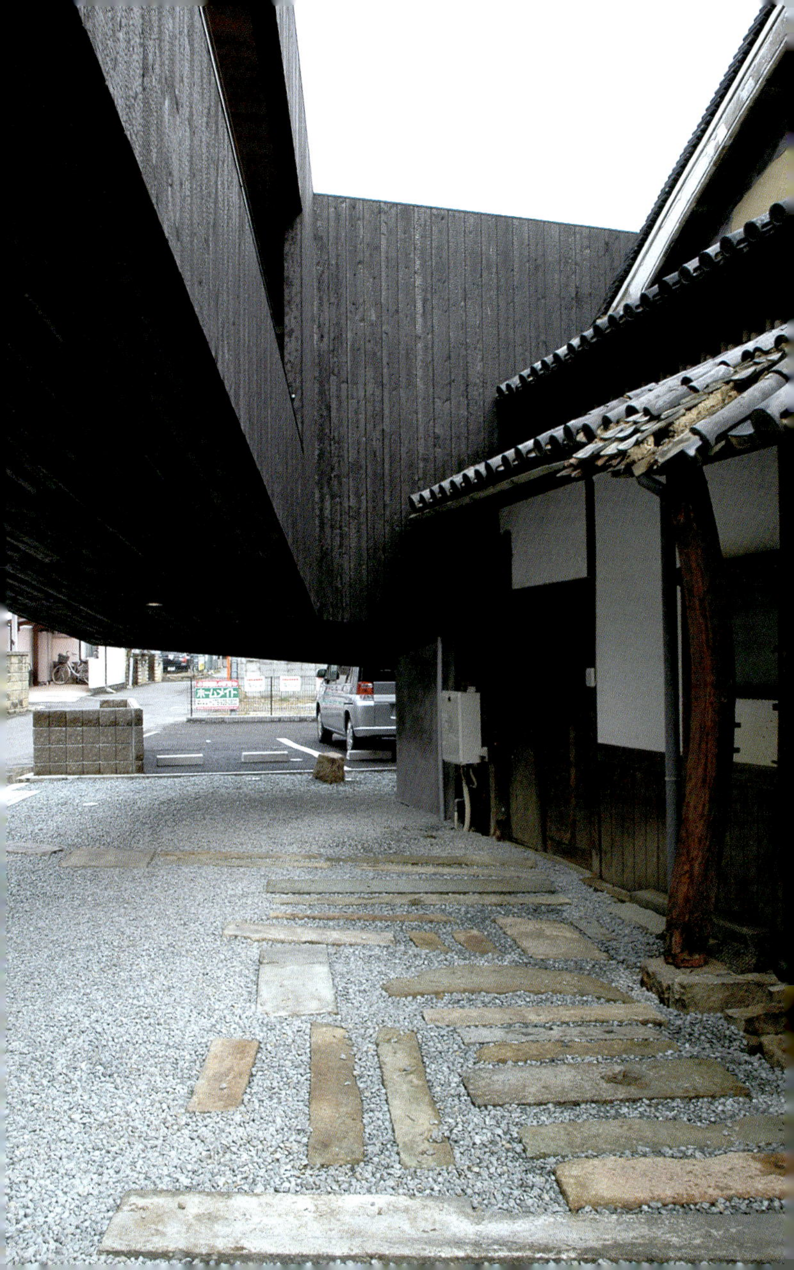
ホームメイト

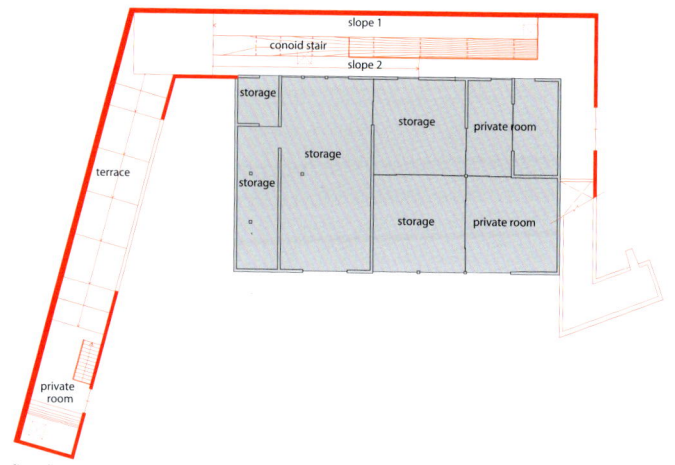

first floor plan **pianta primo piano**

ground floor plan **pianta piano terra**

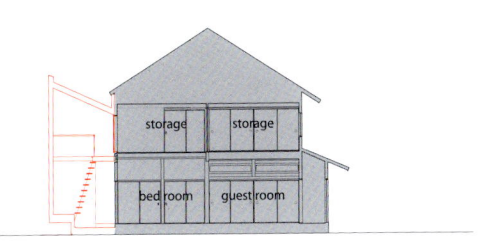

cross section **sezione trasversale**

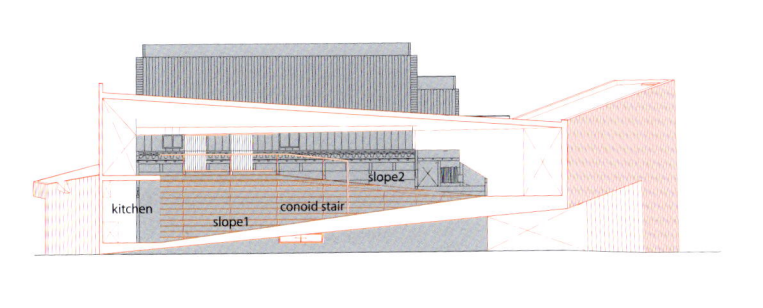

long section **sezione longitudinale**

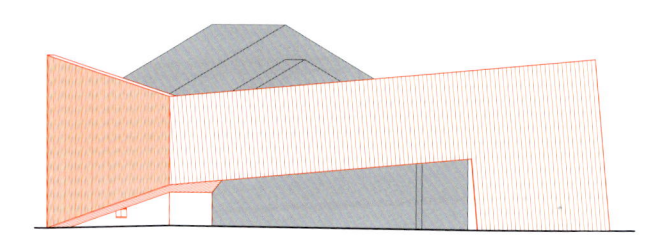

west elevation **prospetto ovest**

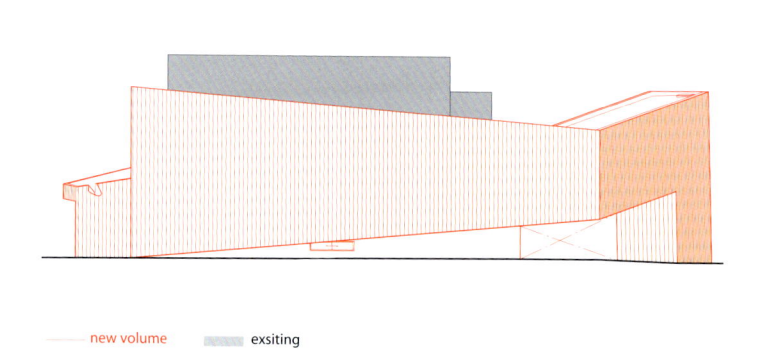

— new volume   exsiting

north elevation **prospetto nord**

0 1 3 6

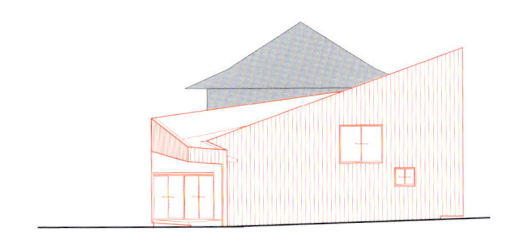

east elevation **prospetto est**

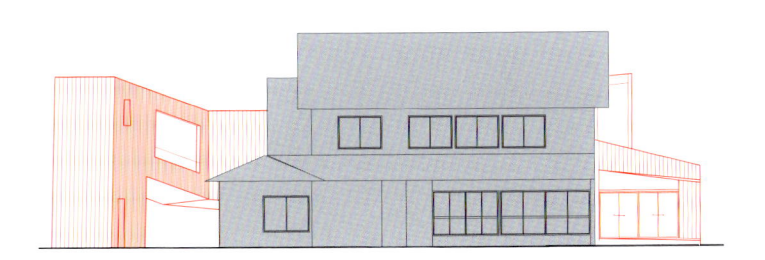

south elevation **prospetto sud**

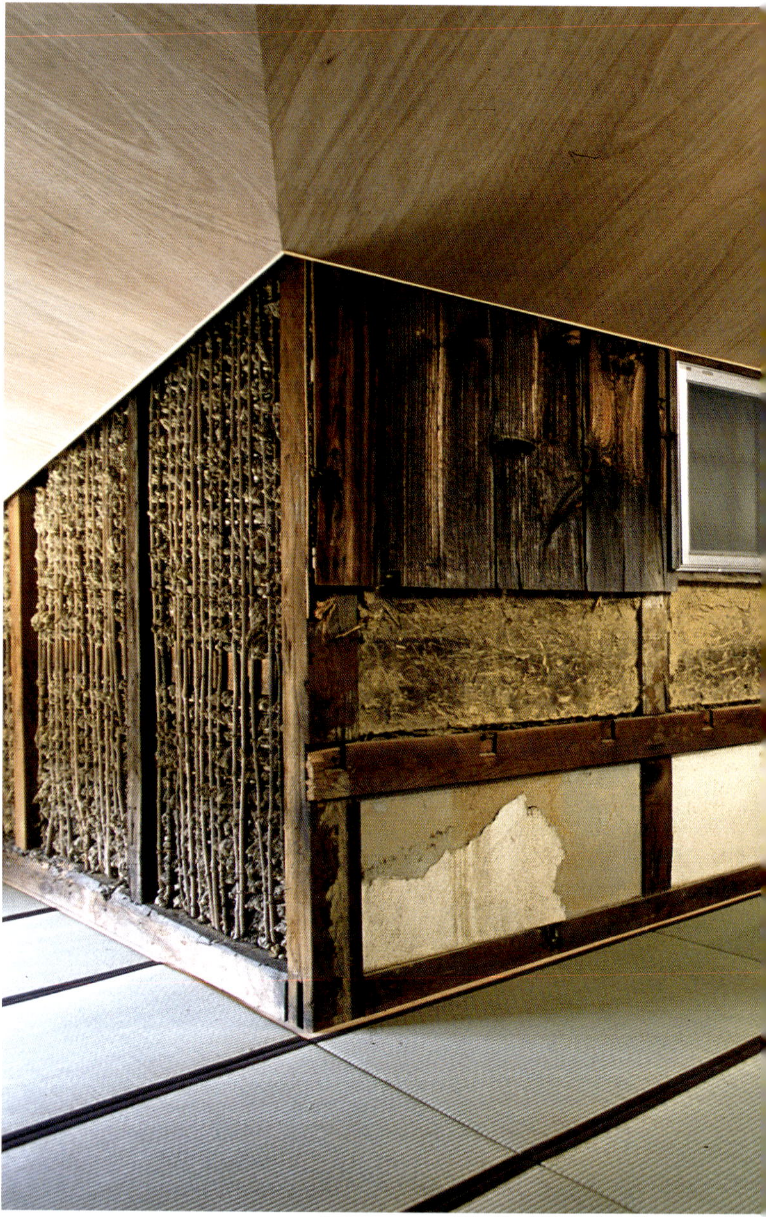

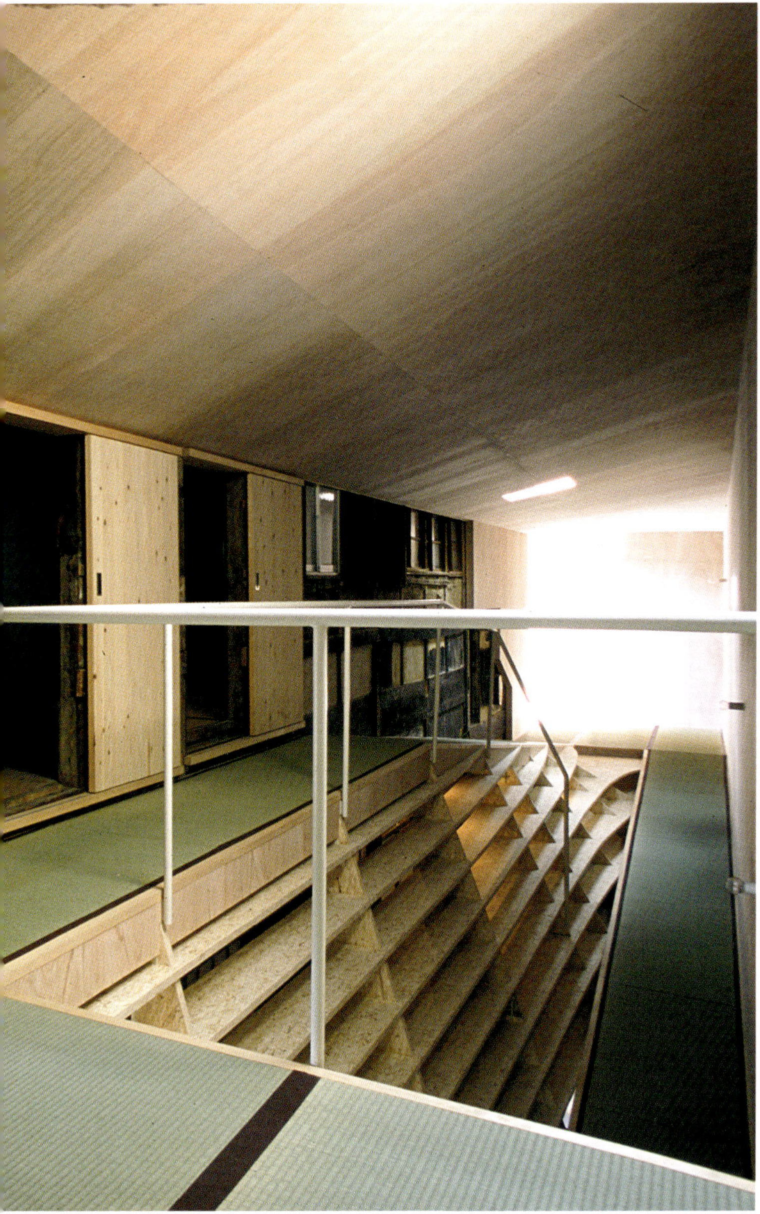

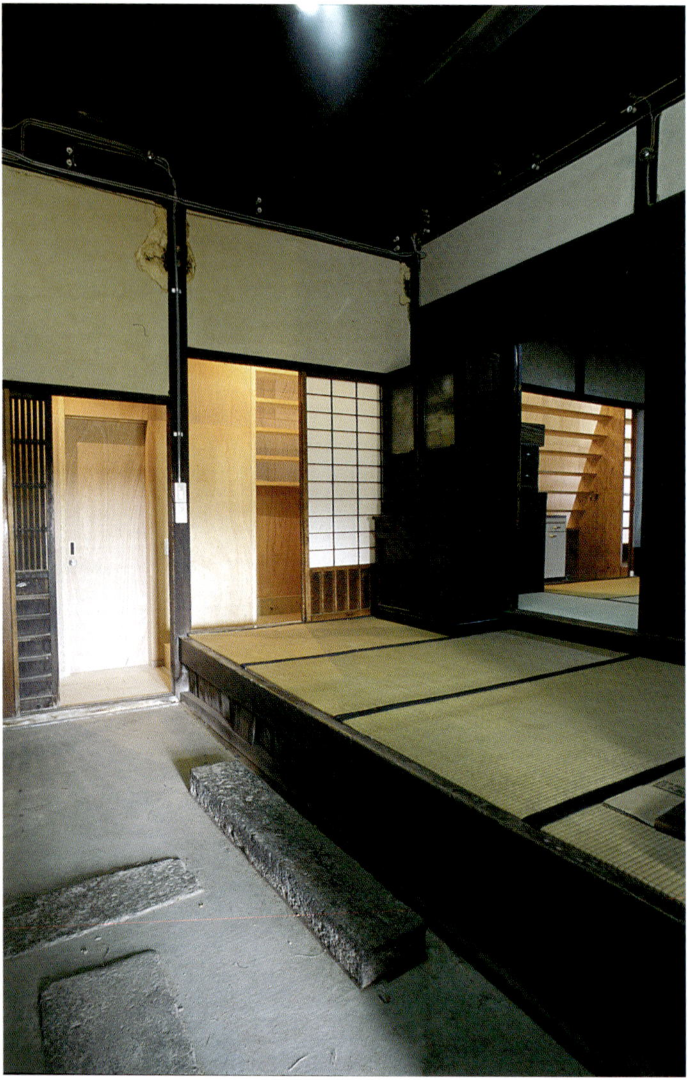

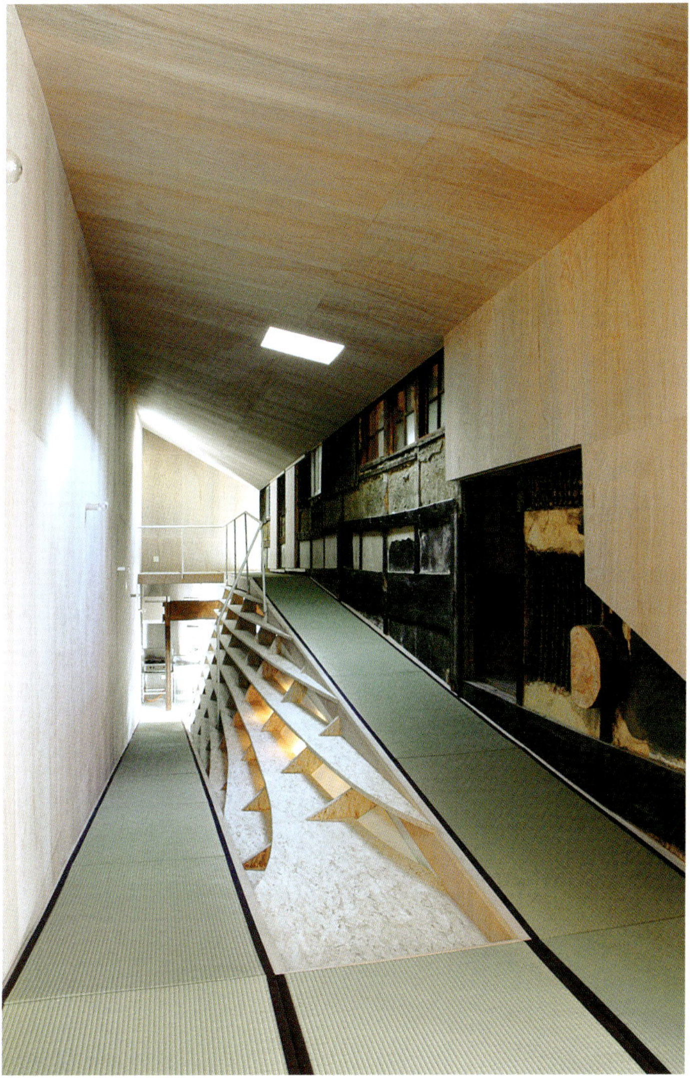

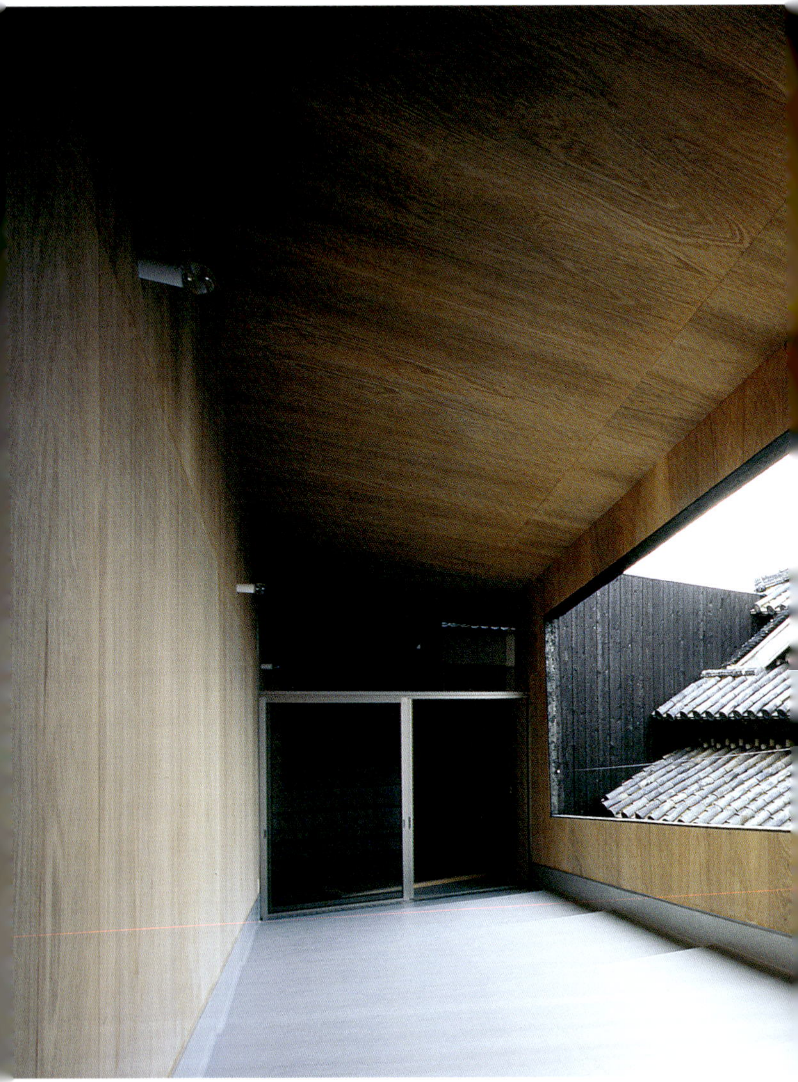

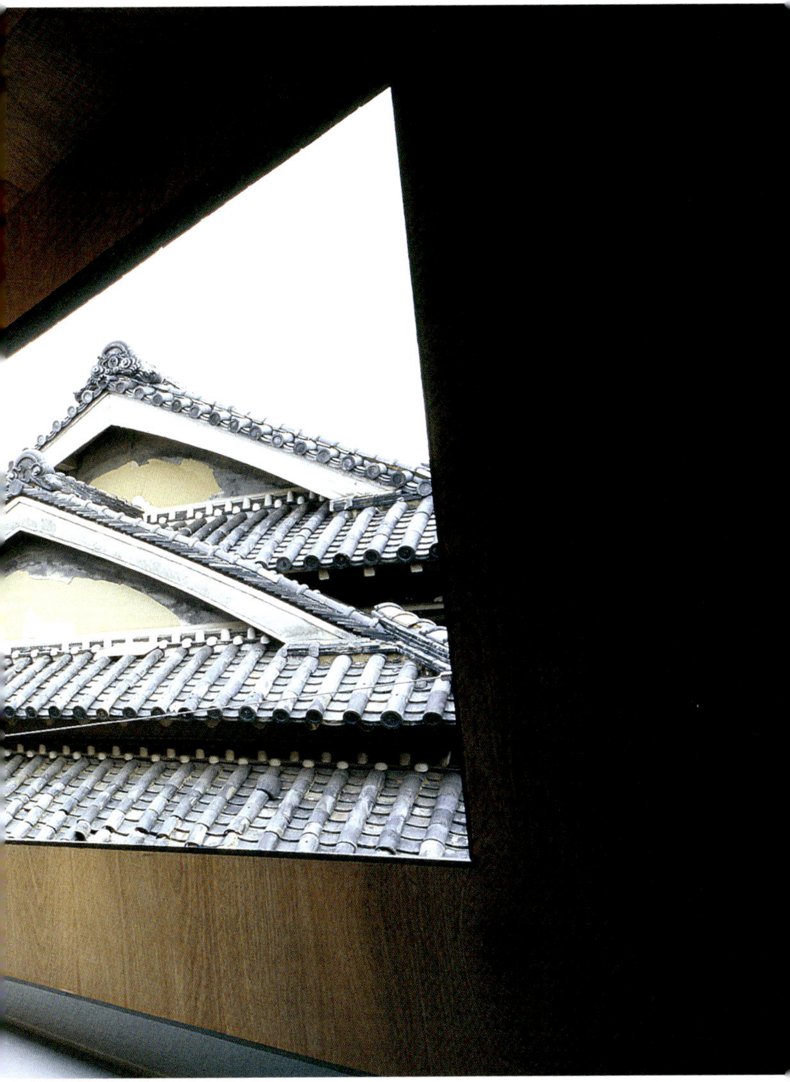

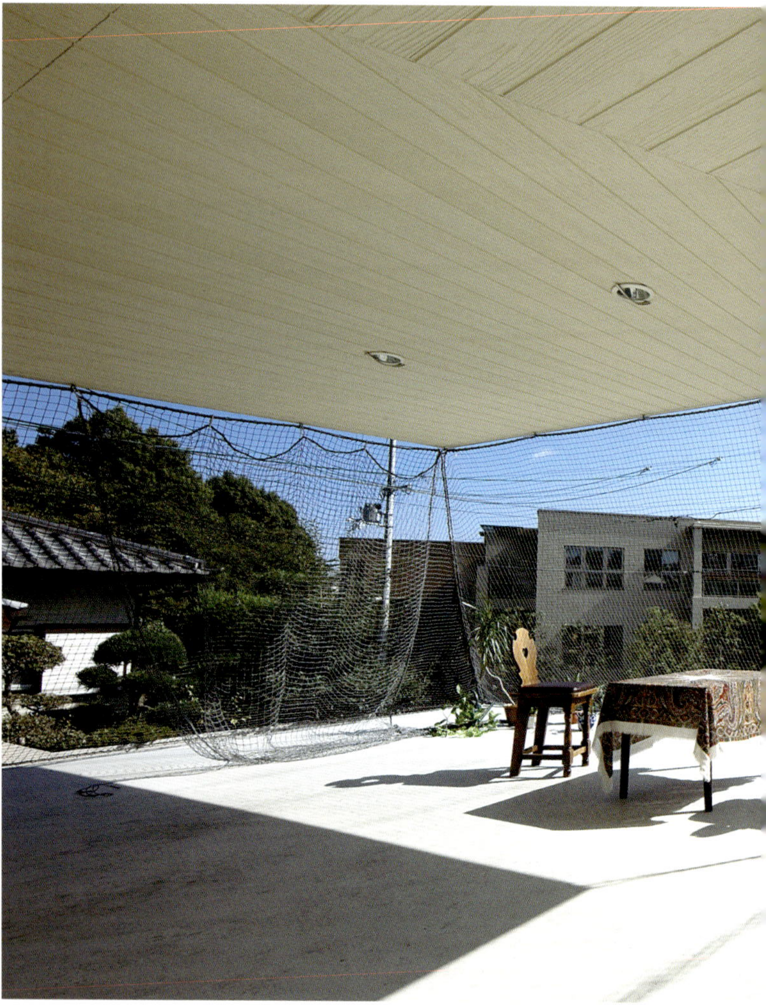

2009   BETWEEN

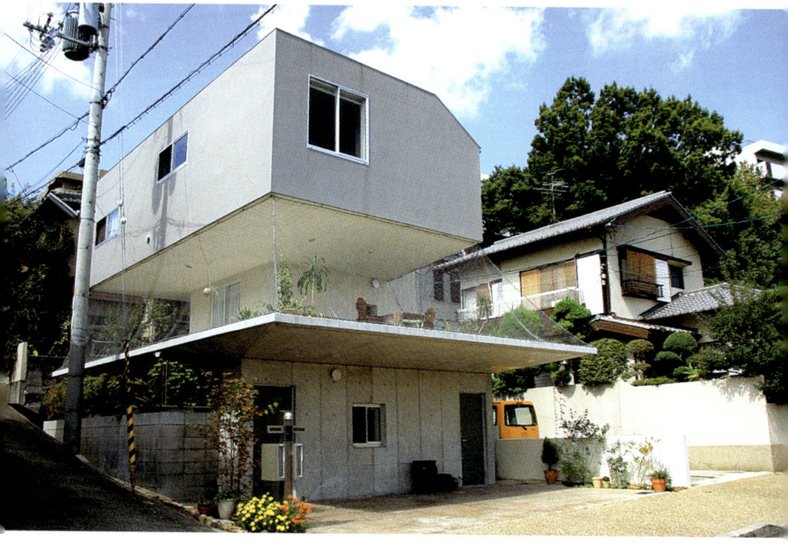

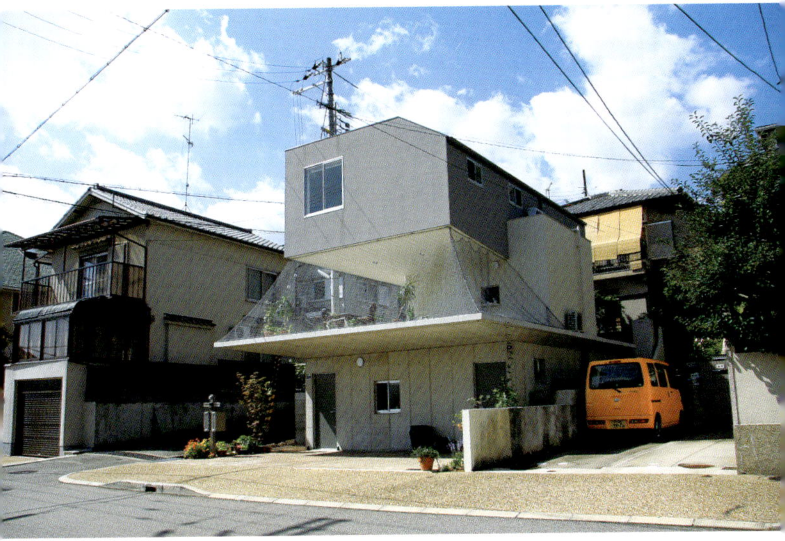

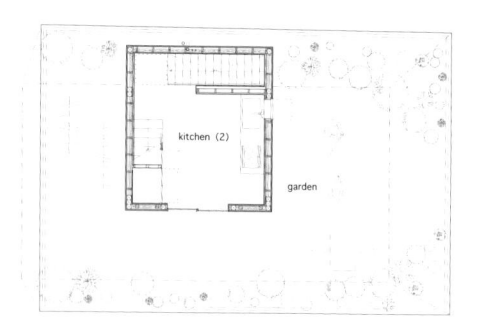

first floor plan **pianta primo piano**

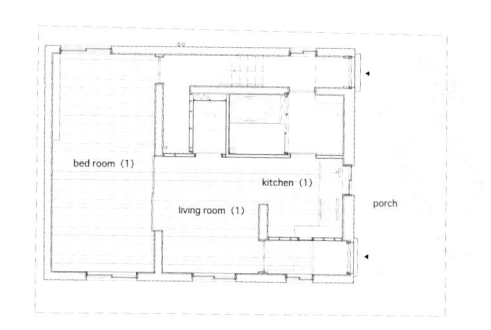

ground floor plan **pianta piano terra**

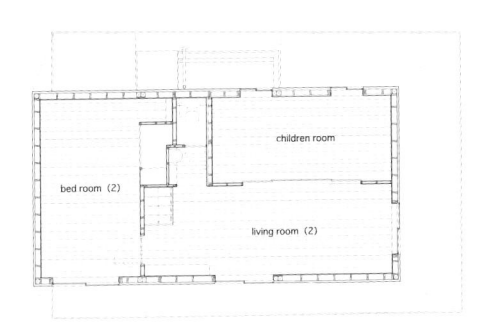

second floor plan **pianta secondo piano**

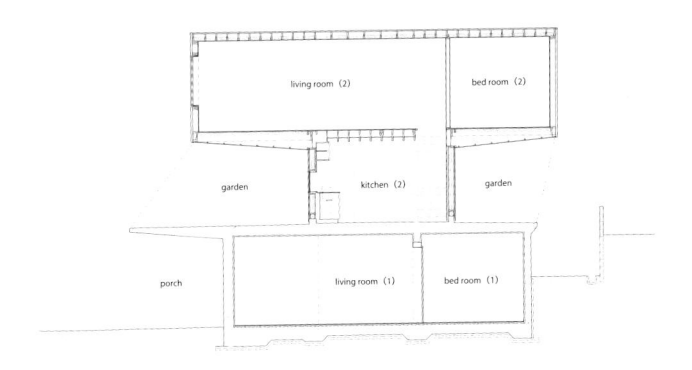

long section **sezione longitudinale**

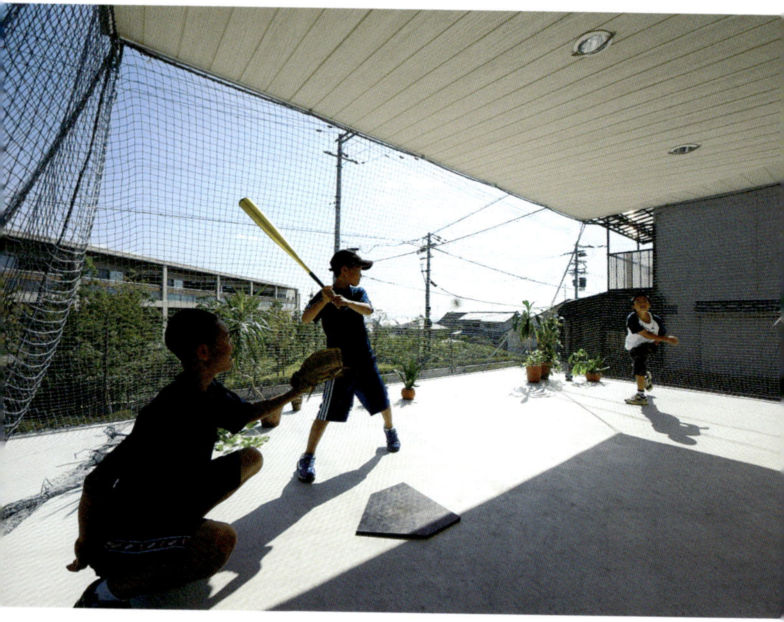

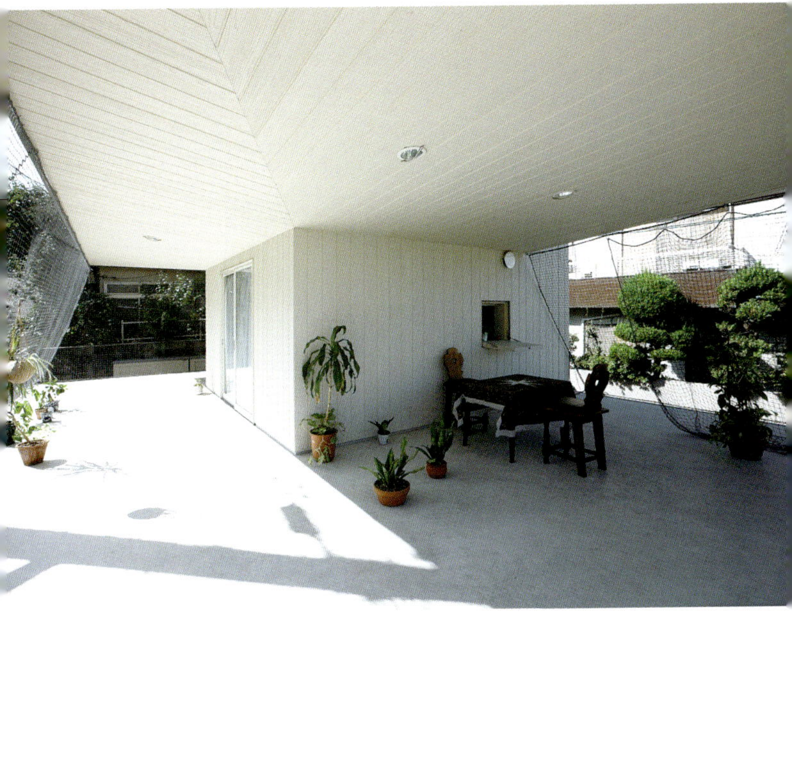

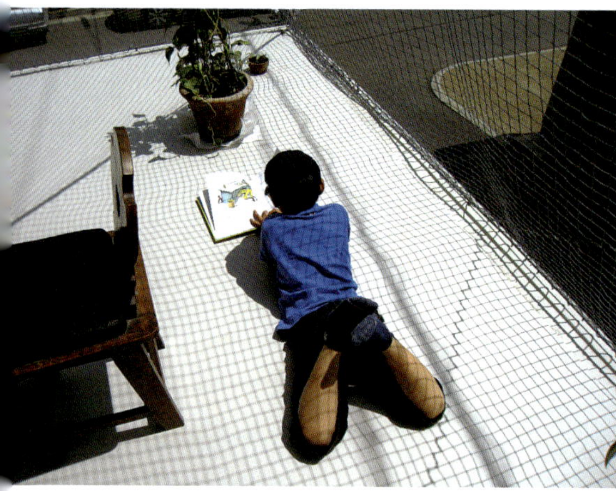

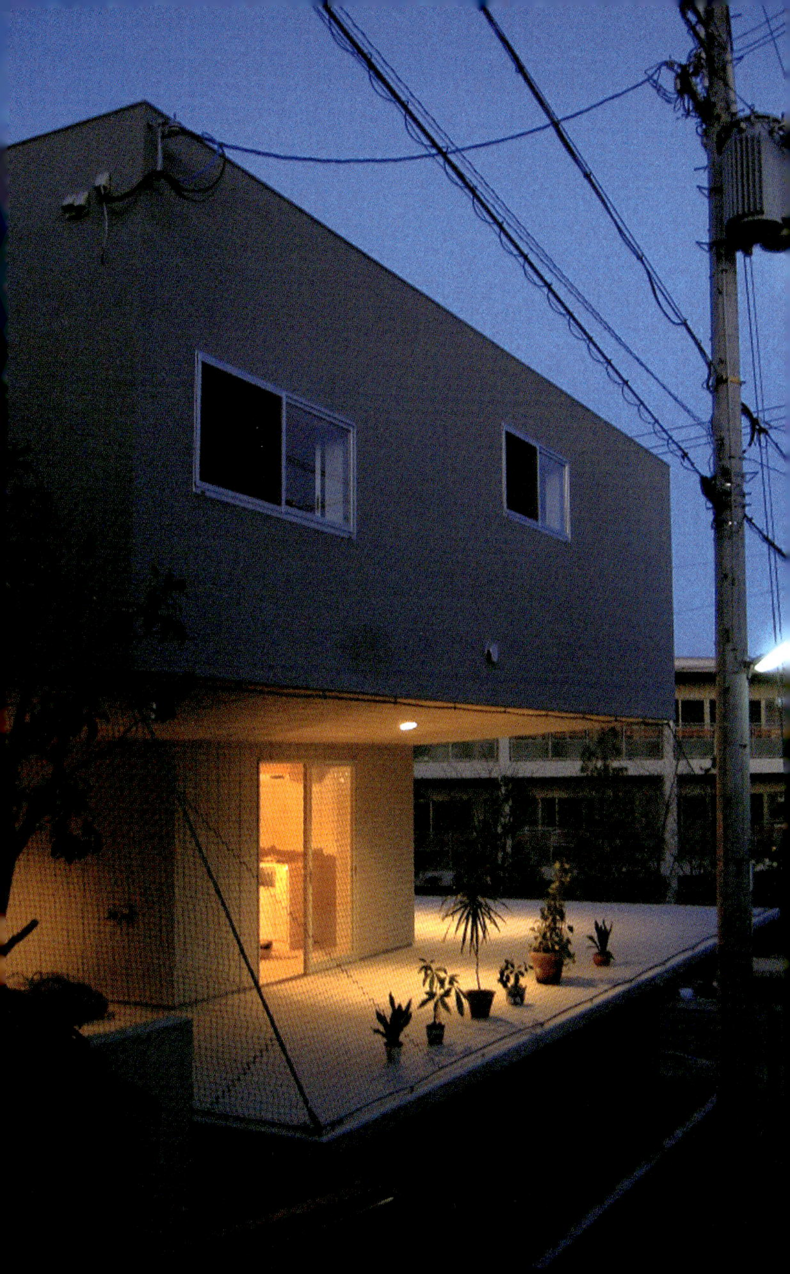

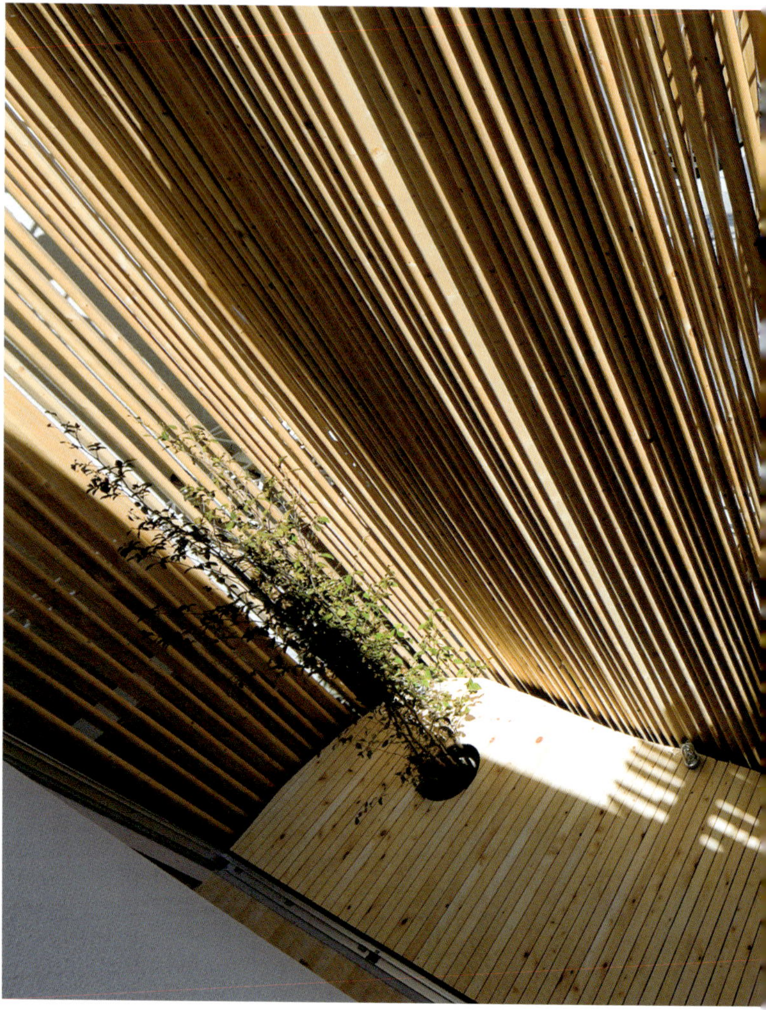

2009   GATHER

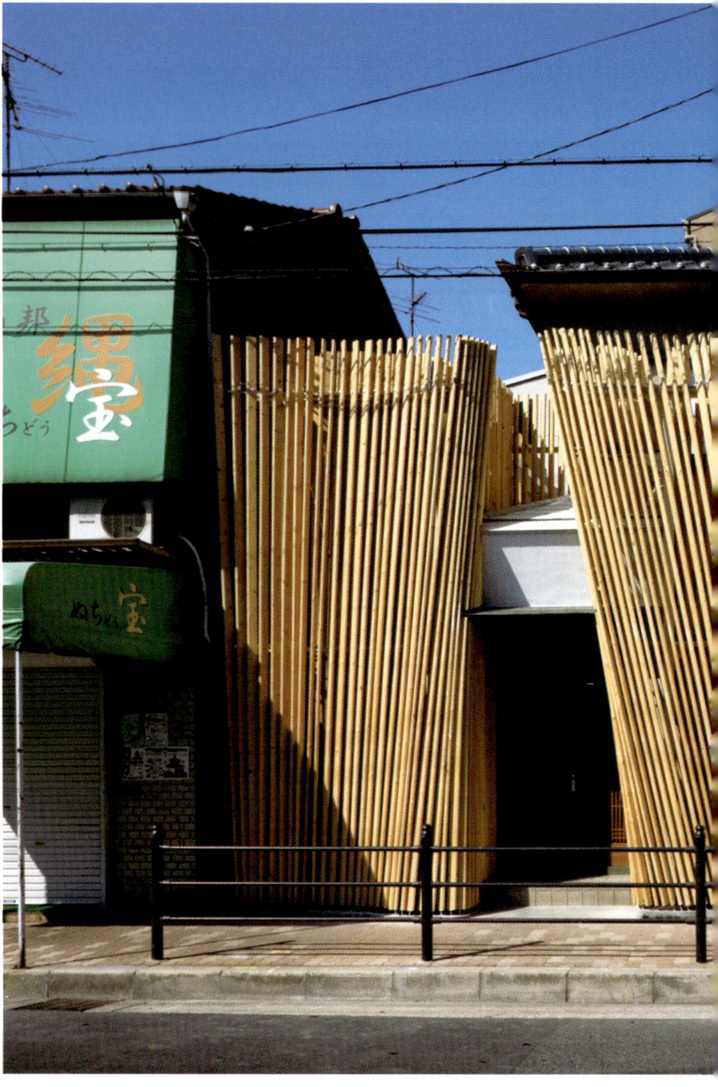

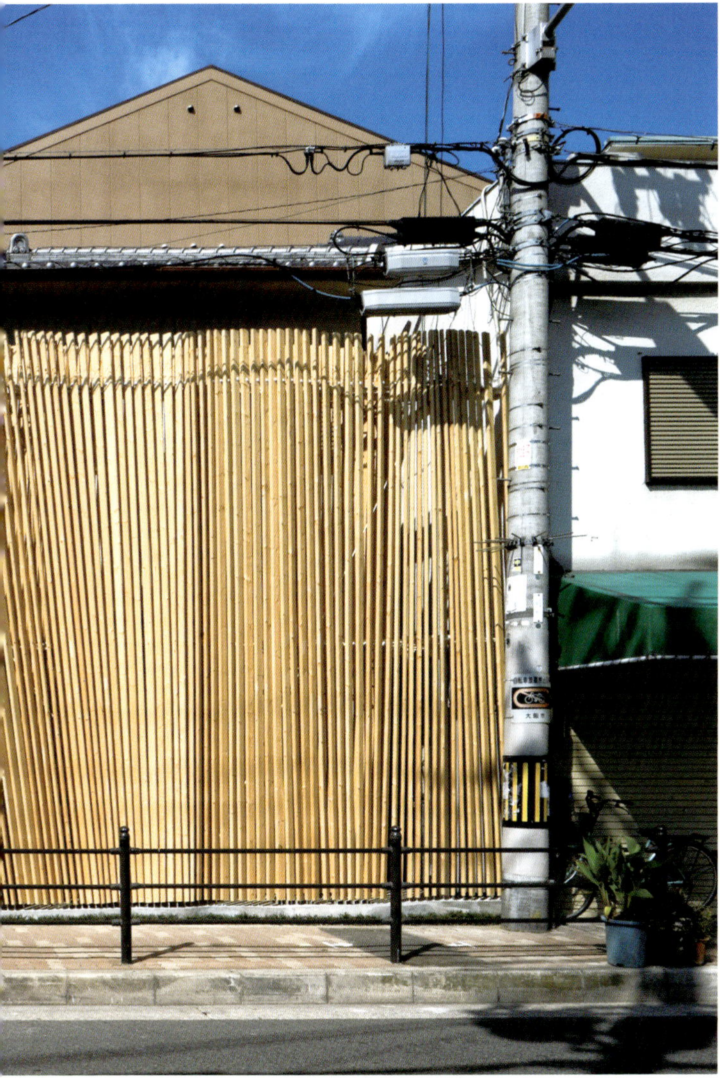

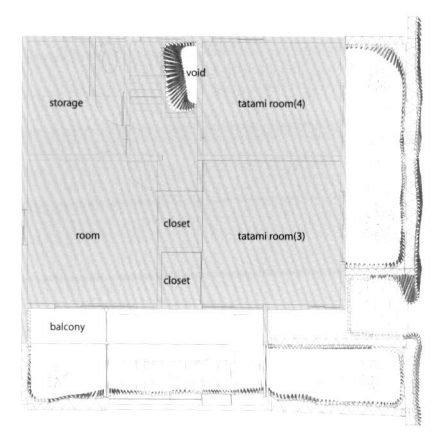

first floor plan **pianta primo piano**

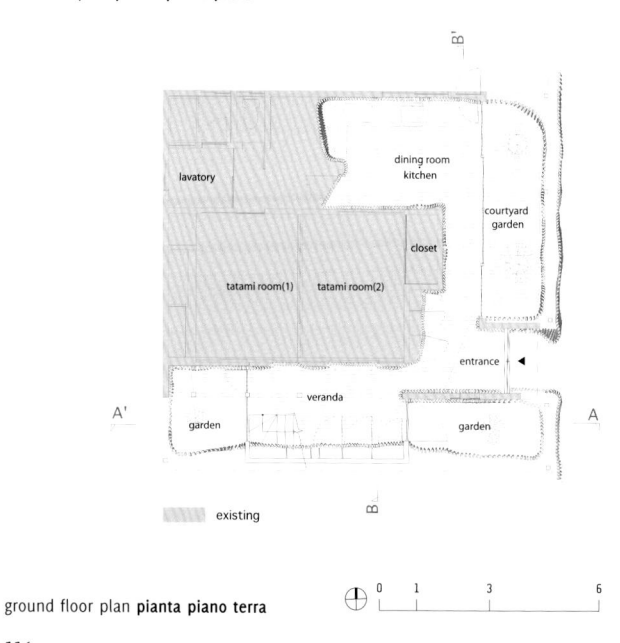

ground floor plan **pianta piano terra**

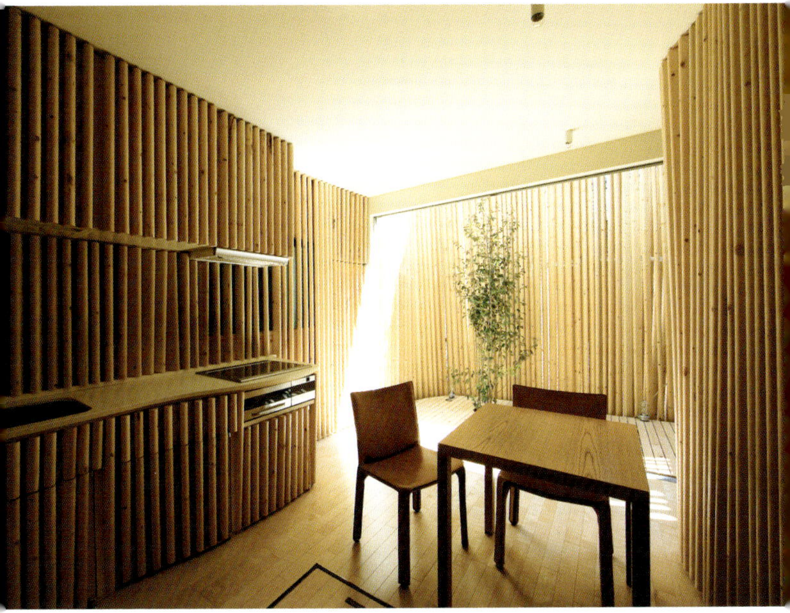

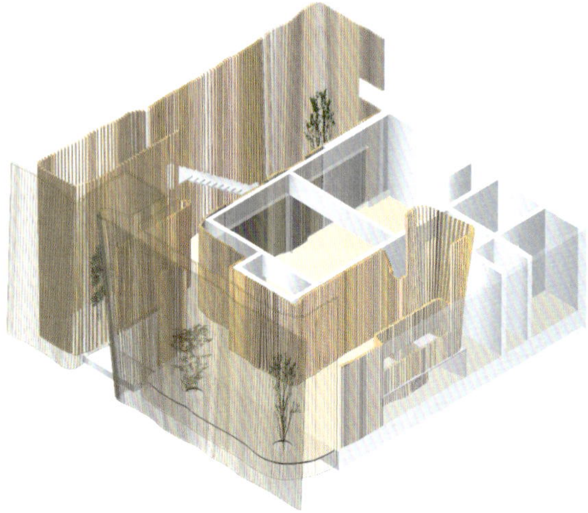

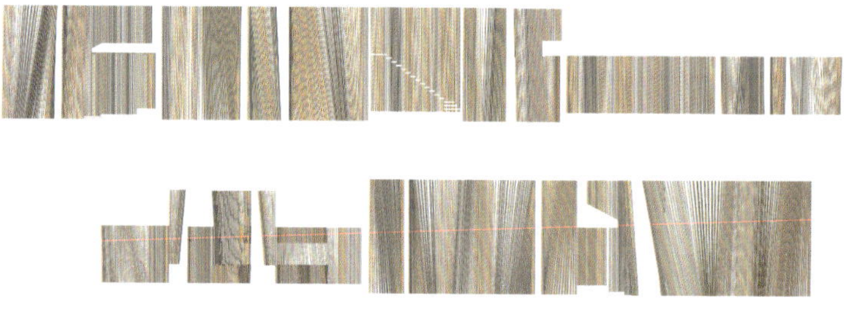

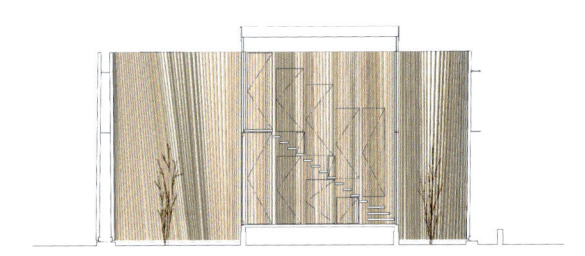

section A-A' **sezione A-A'**

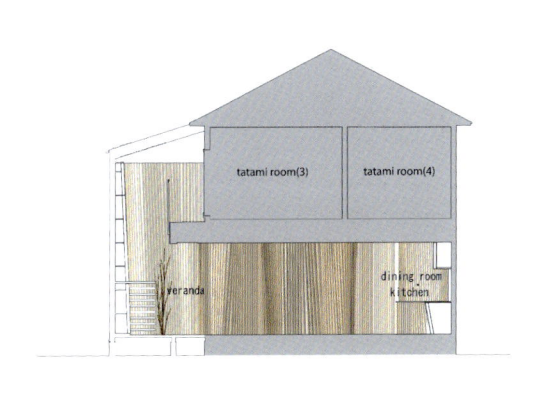

section B-B' **sezione B-B'**

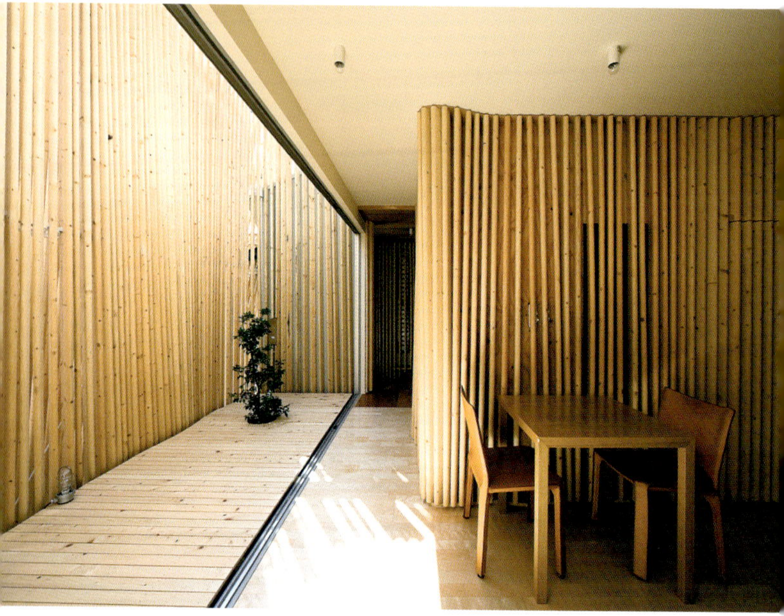

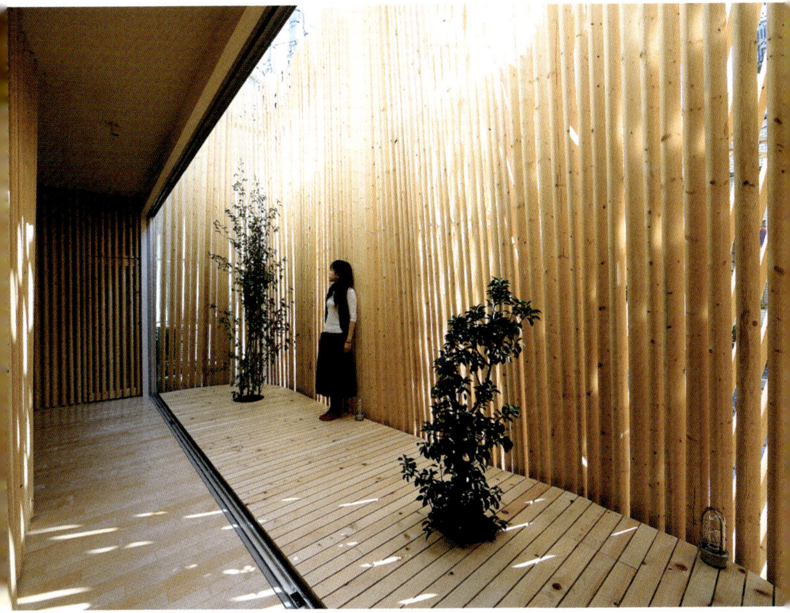

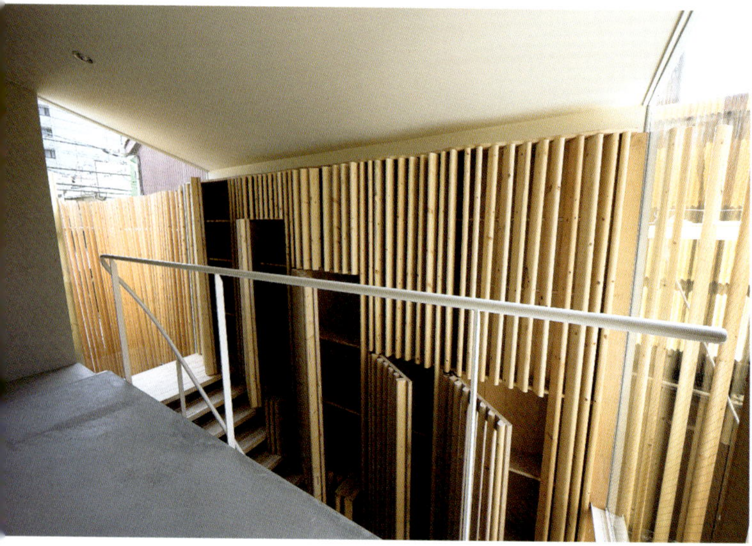

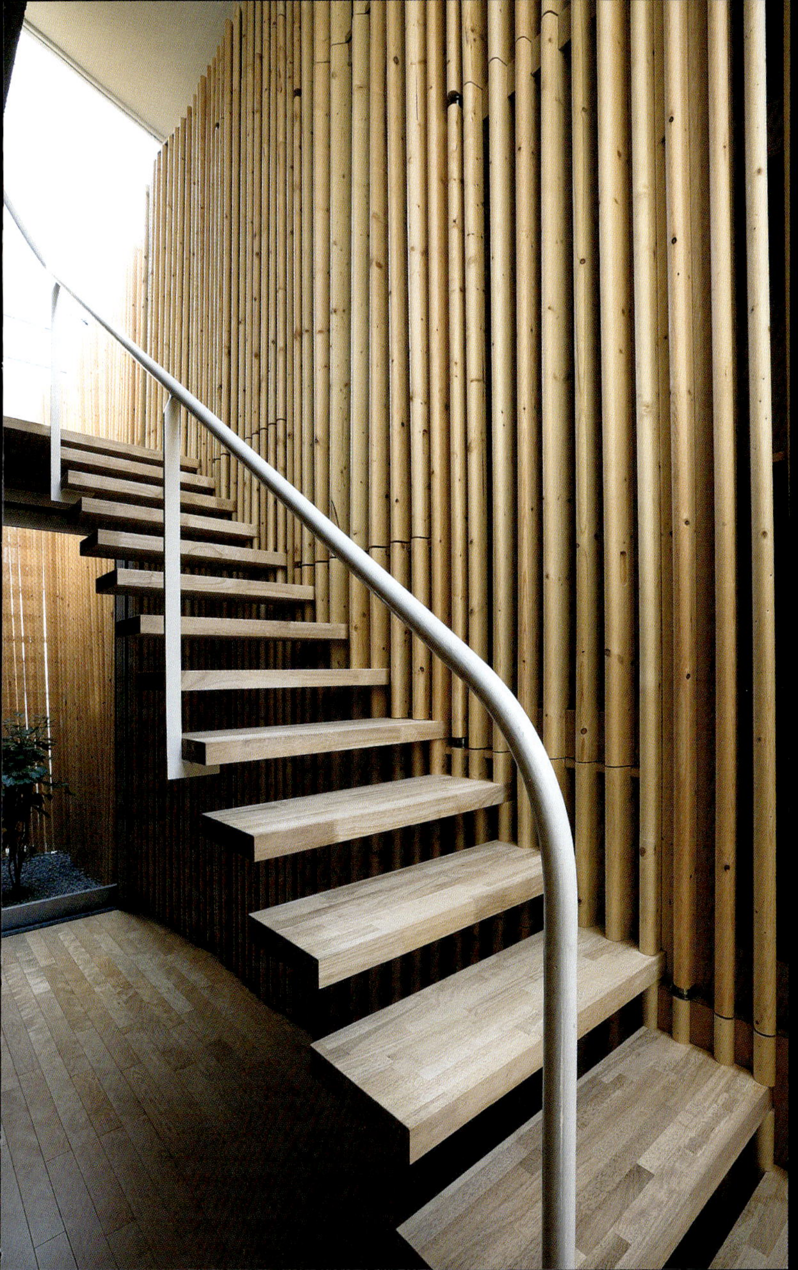

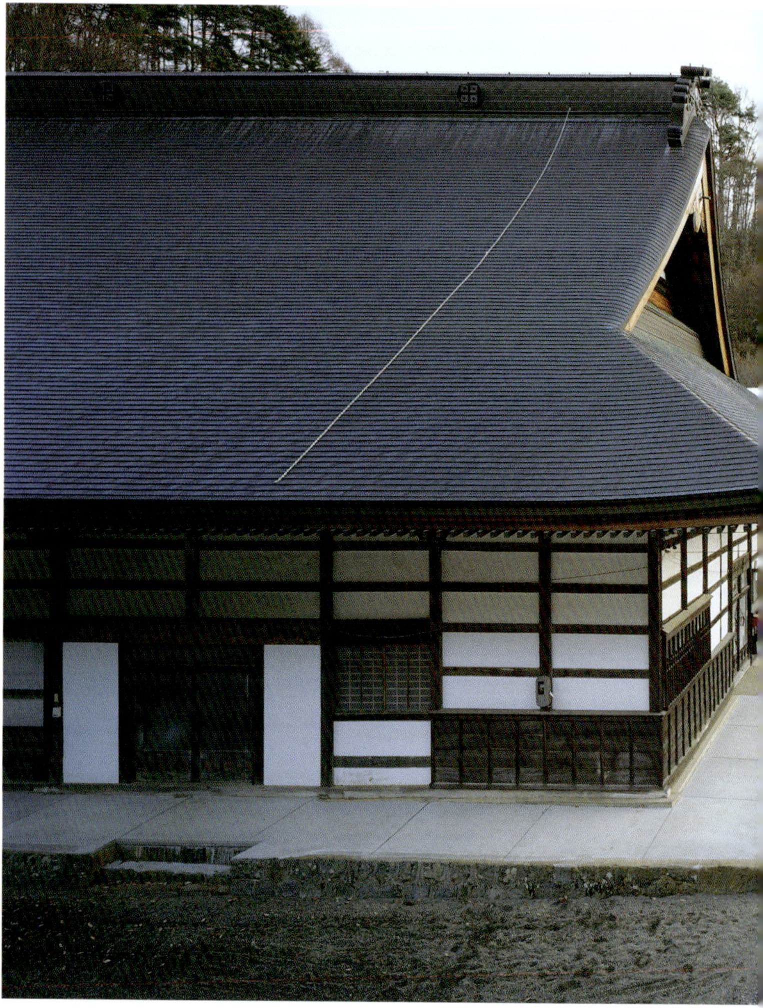

2009   CHUSHIN-JI TEMPLE PRIEST'S QUARTERS

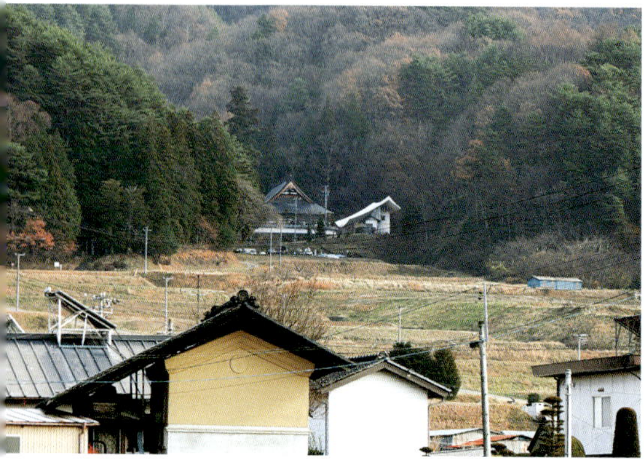

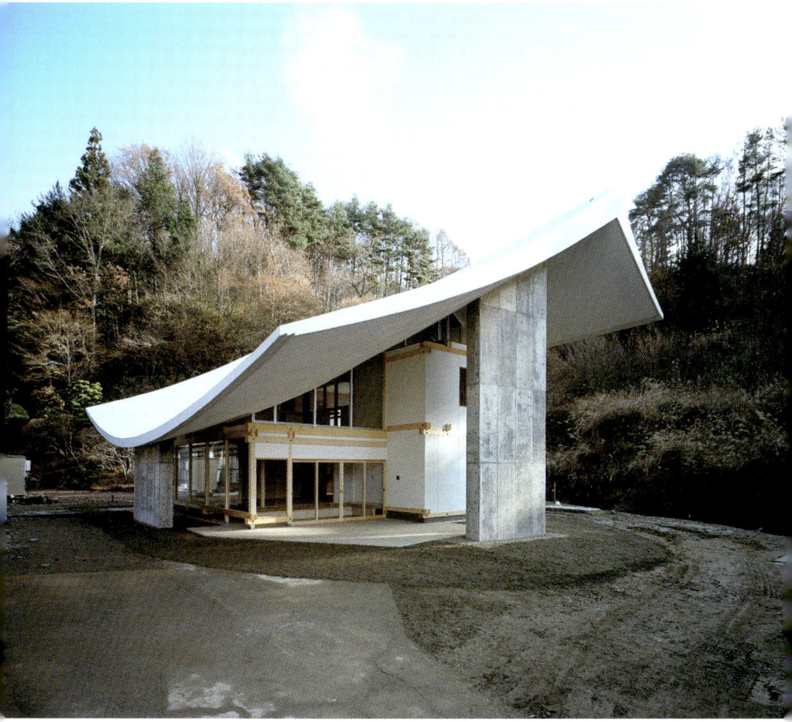

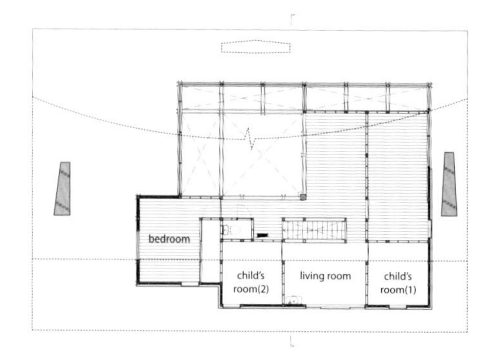

first floor plan **pianta primo piano**

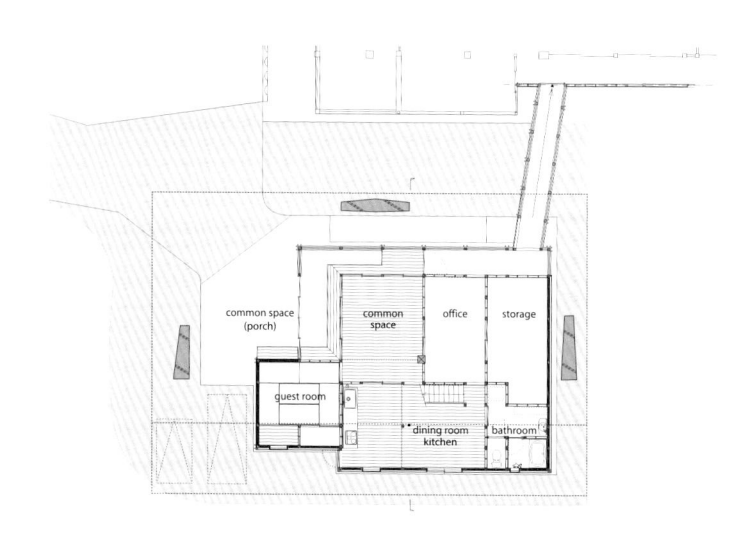

ground floor plan **pianta piano terra**

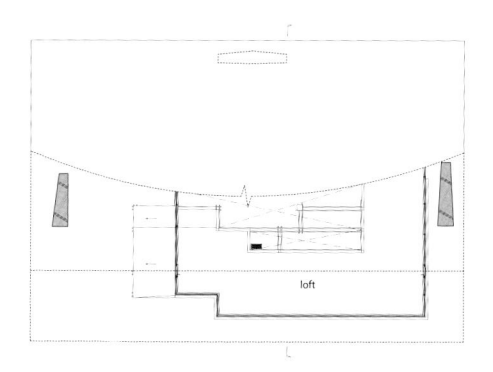

loft plan **pianta loft**

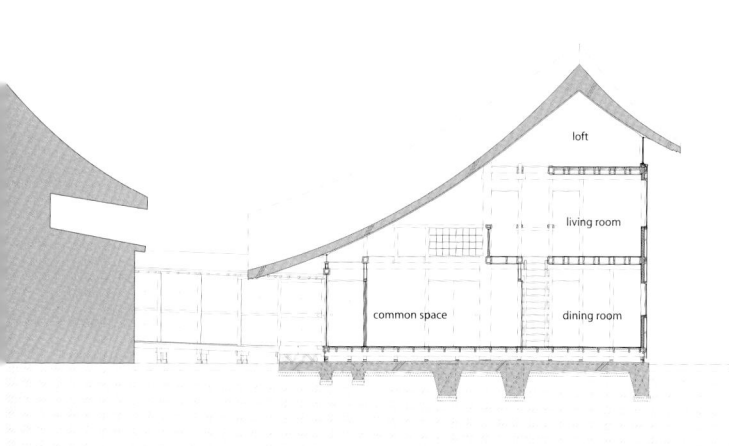

cross section **sezione trasversale**

west elevation **prospetto ovest**

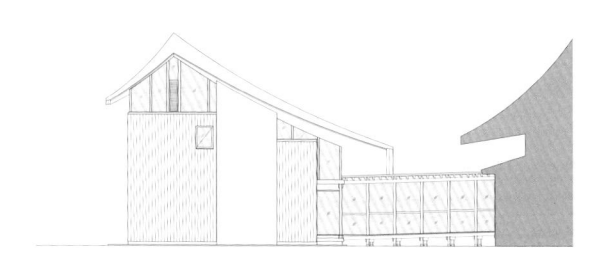

east elevation **prospetto est**

0 1 3 6

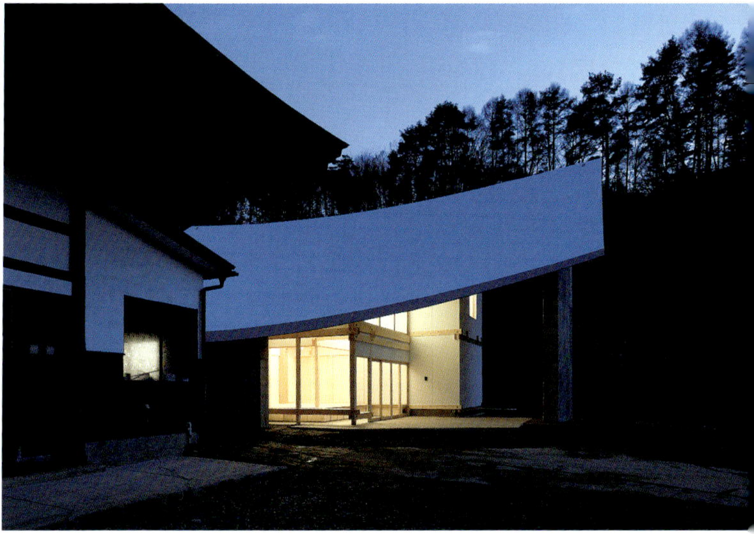

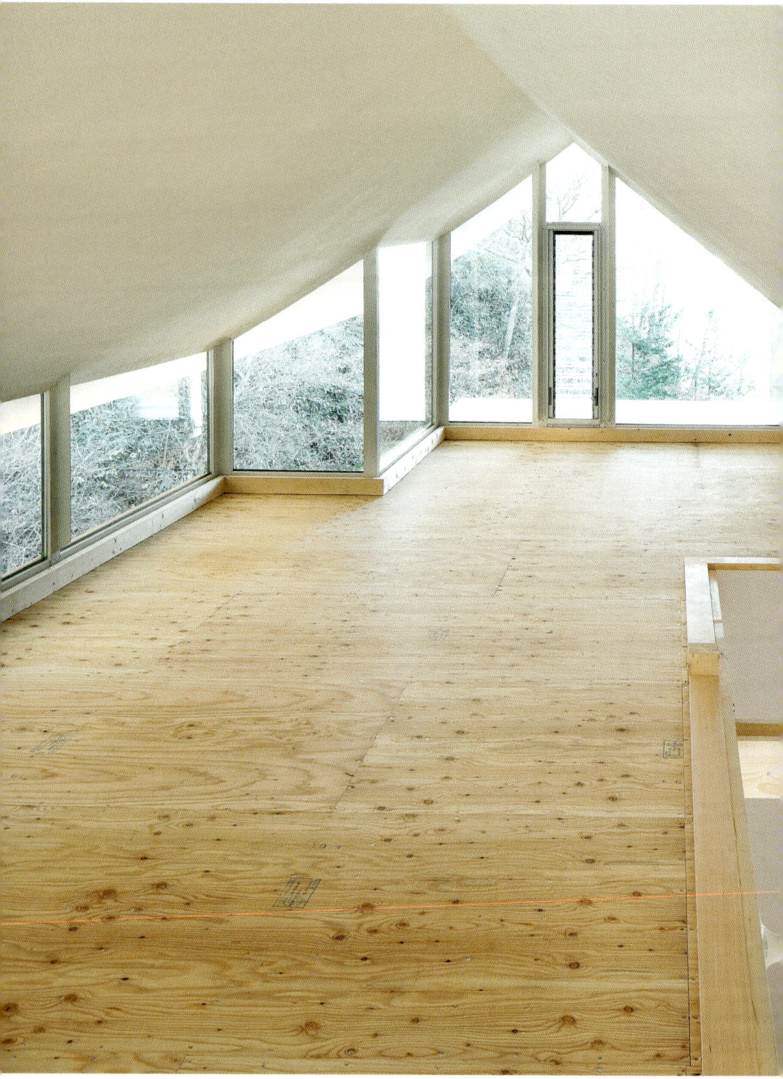

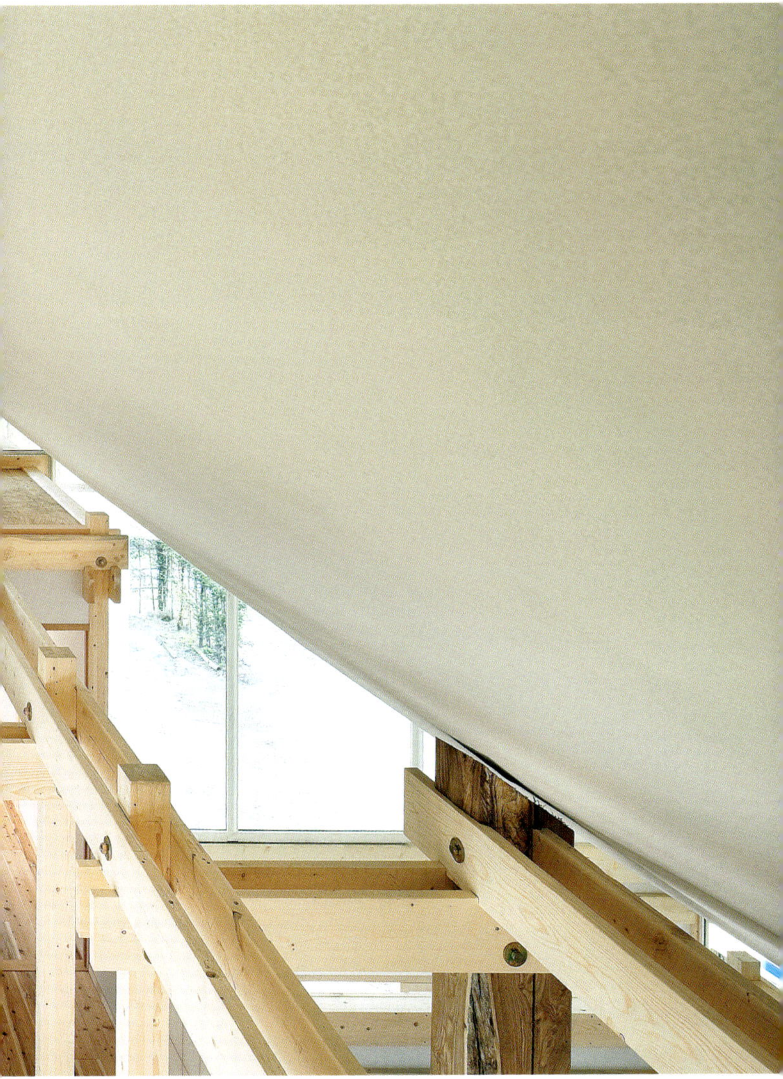

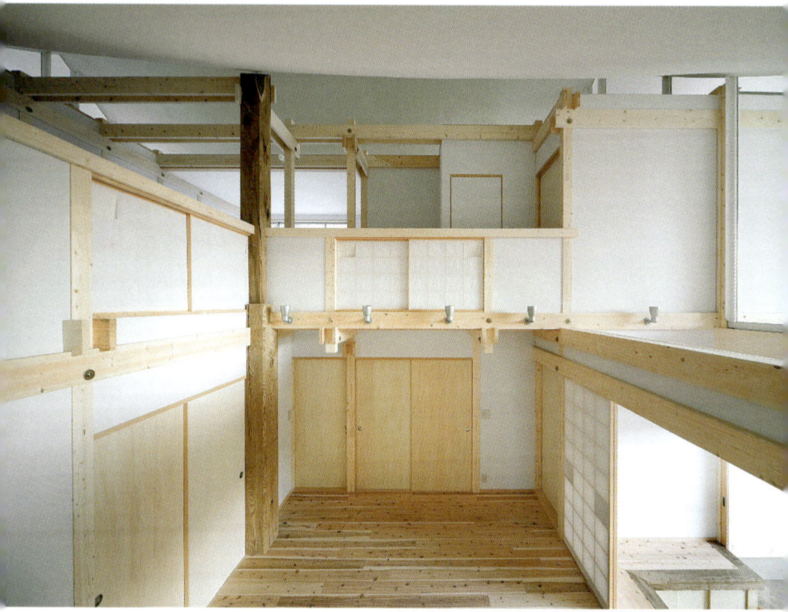

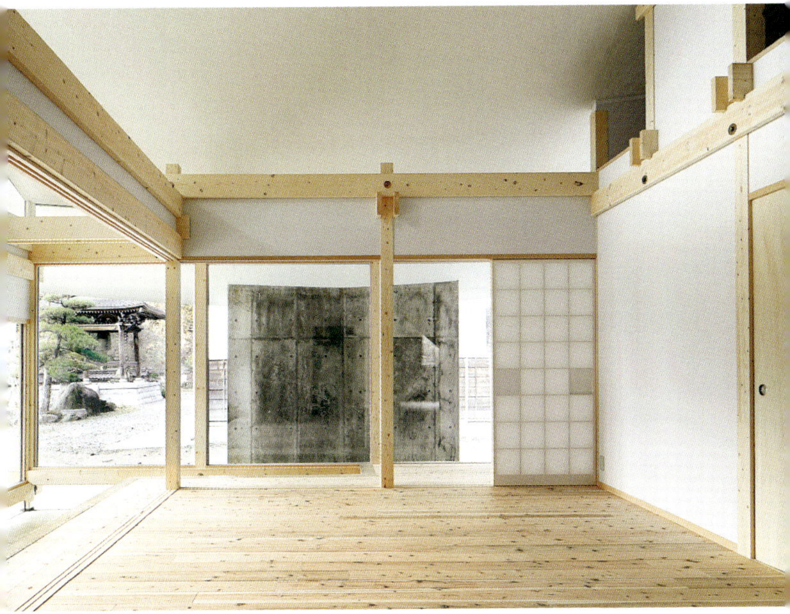

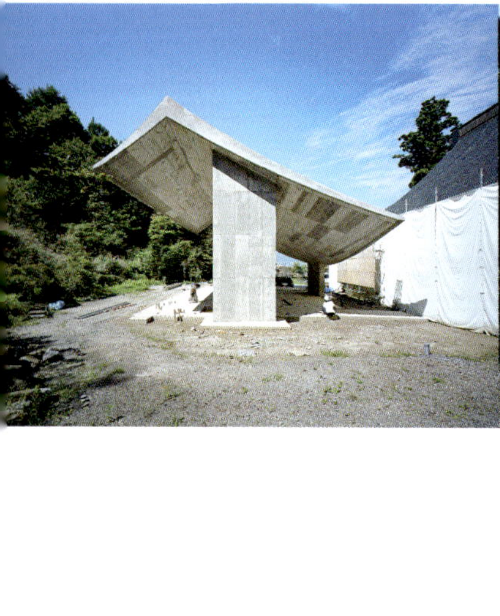

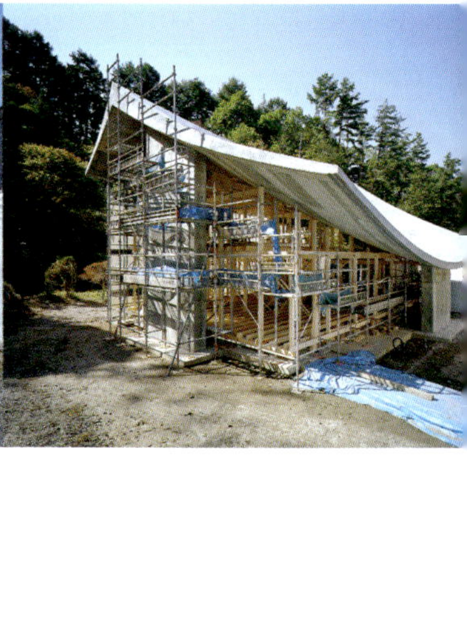

137

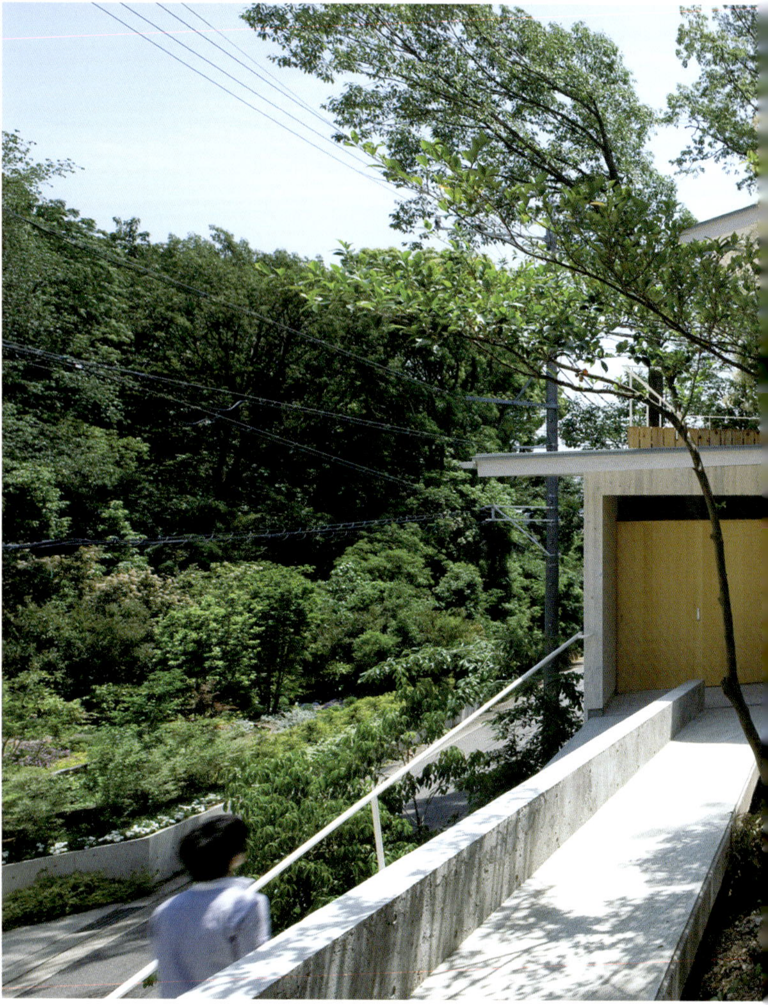

2010   BIRD HOUSE

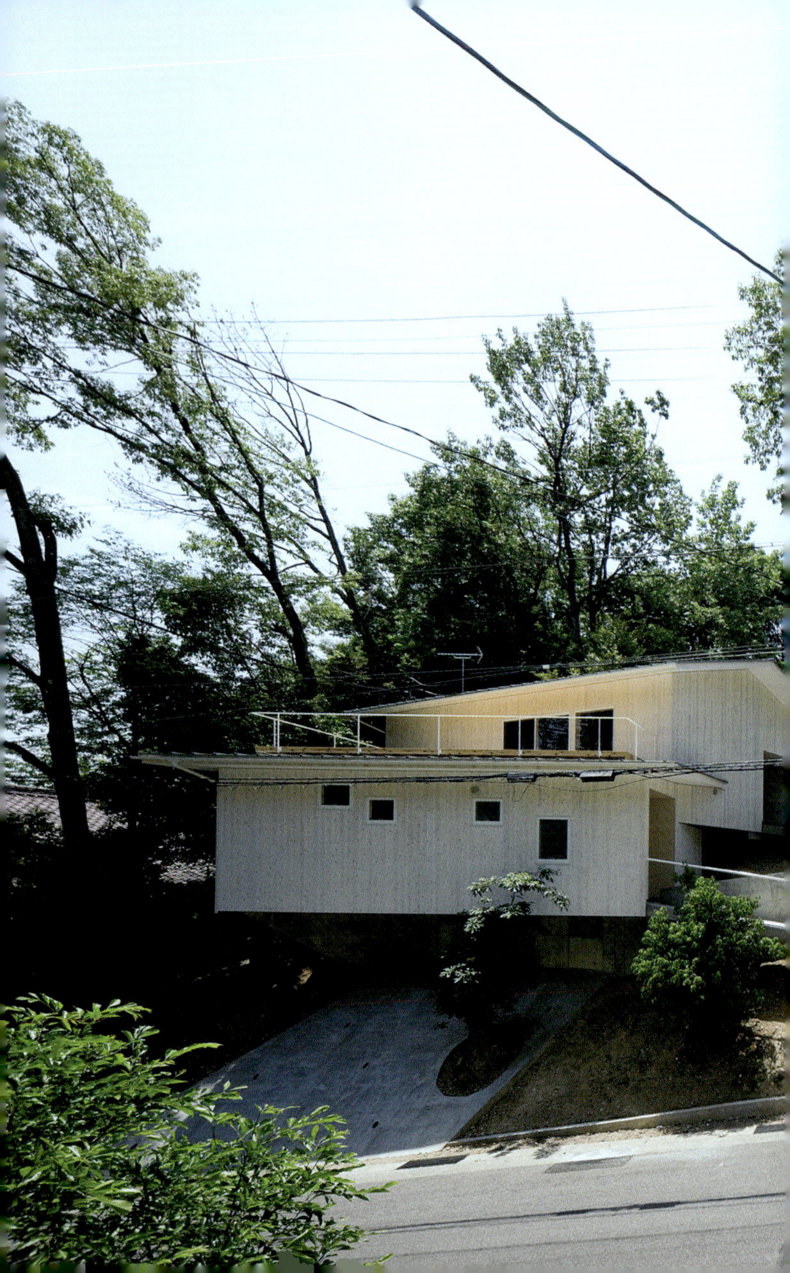

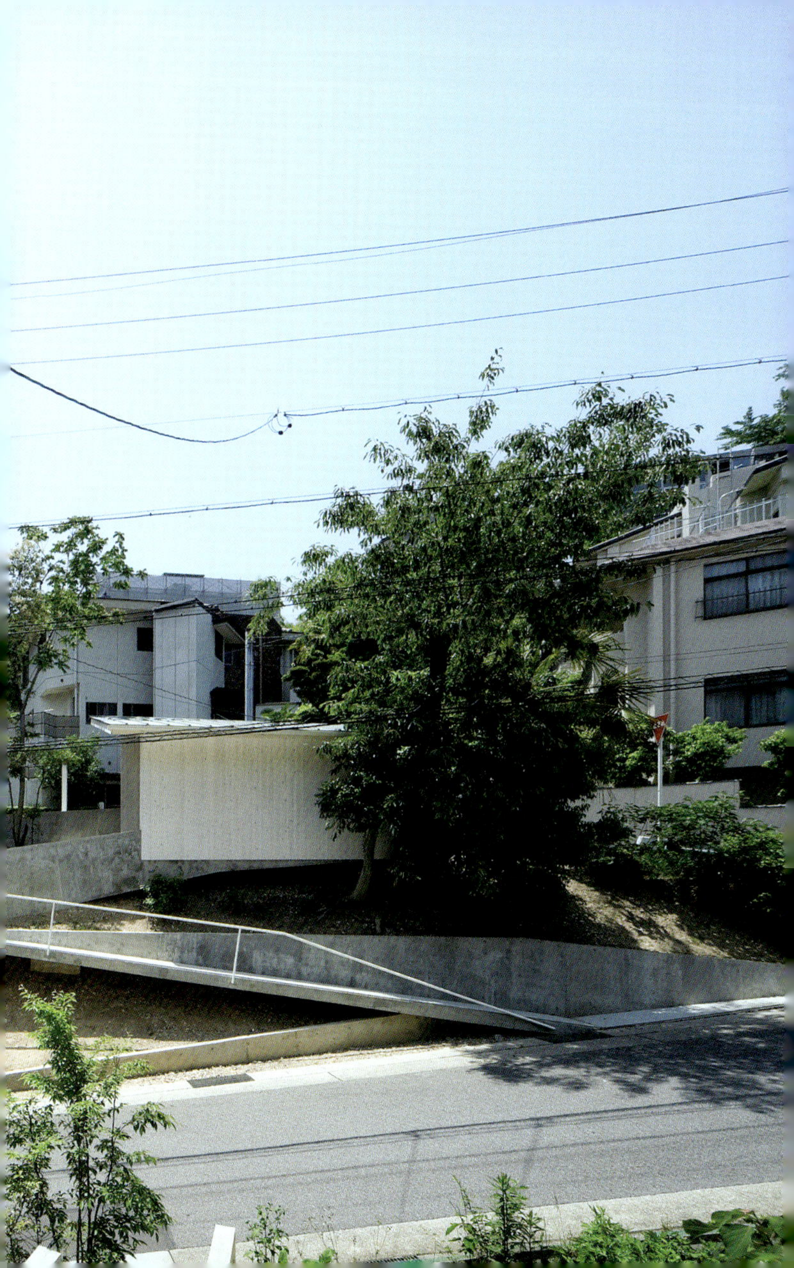

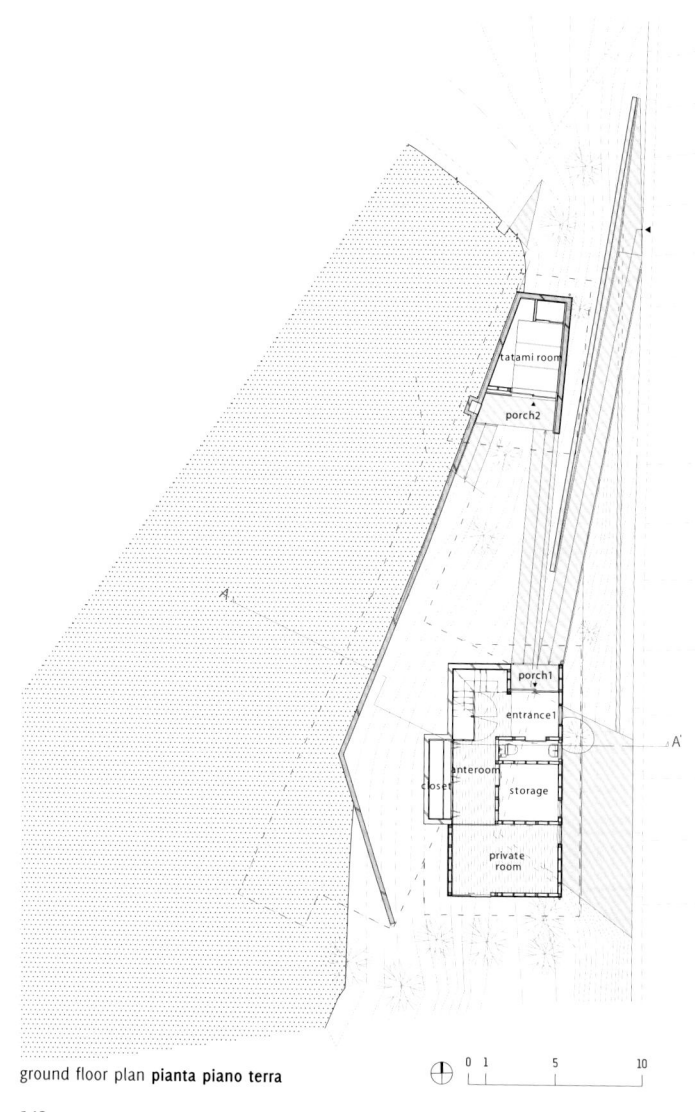

ground floor plan **pianta piano terra**

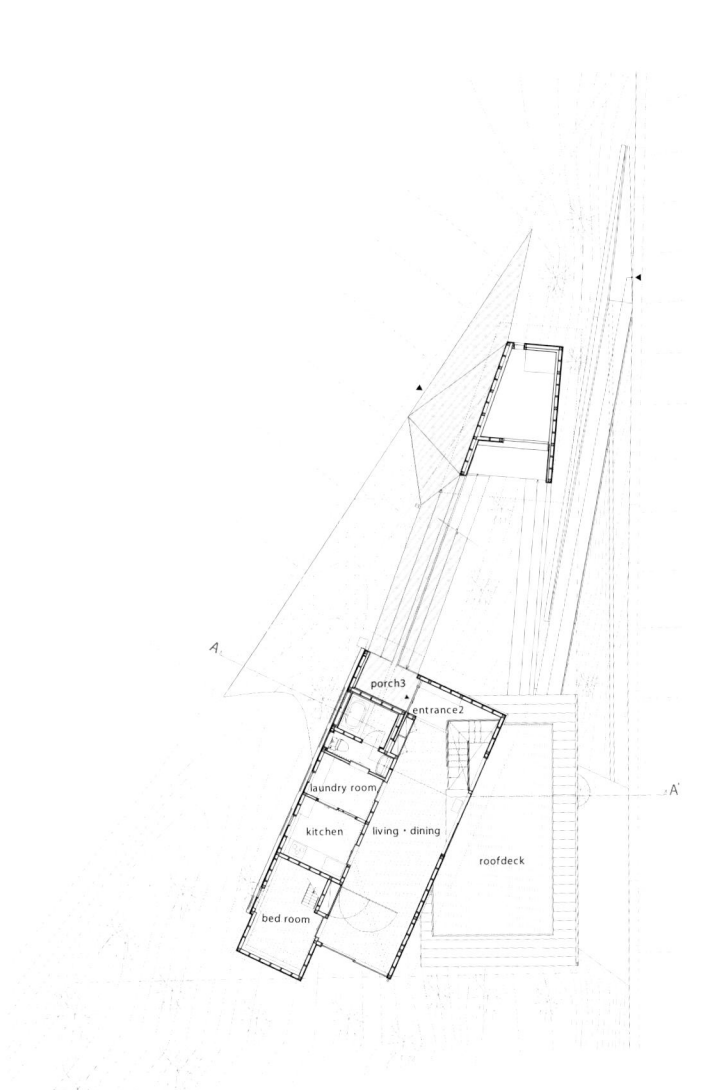

first floor plan **pianta primo piano**

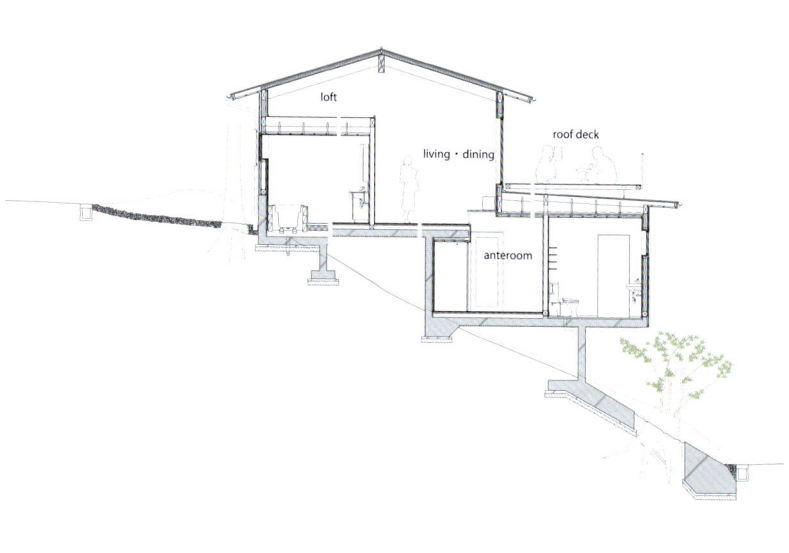

section A-A' **sezione A-A'**

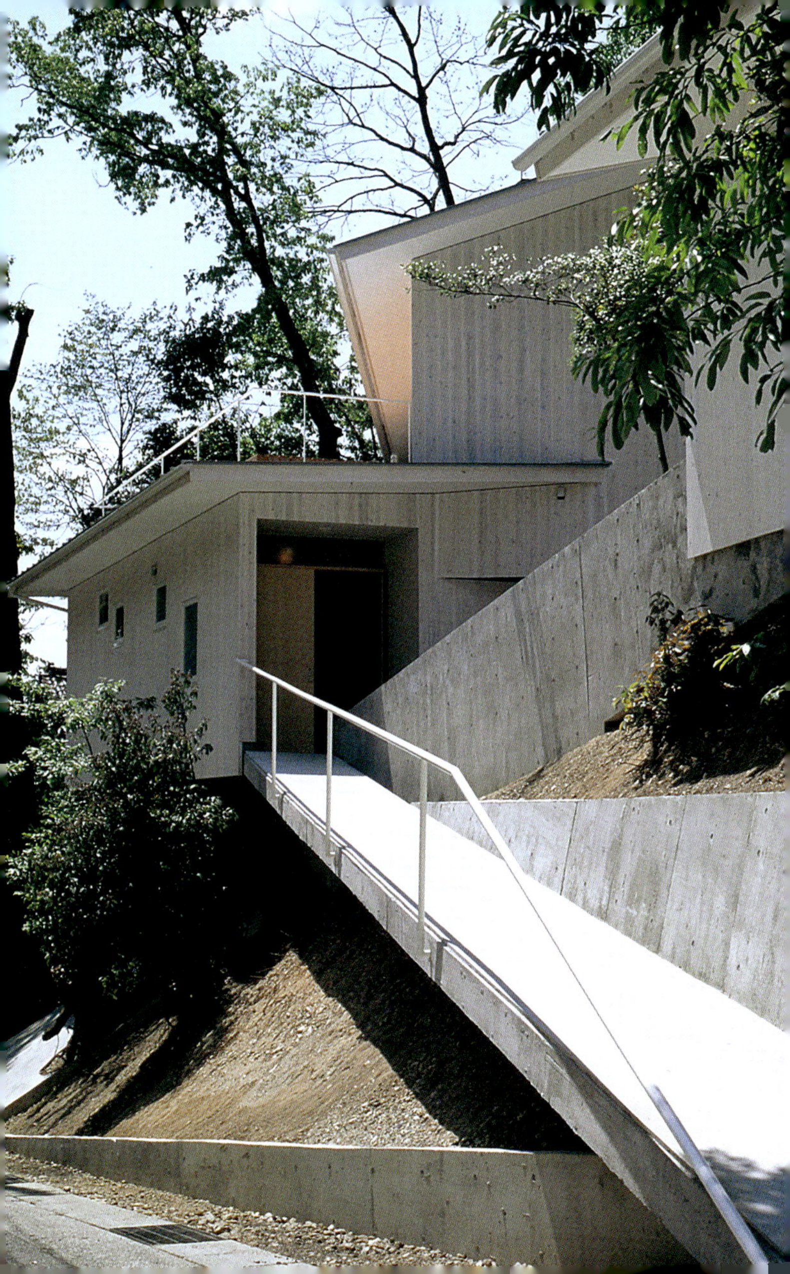

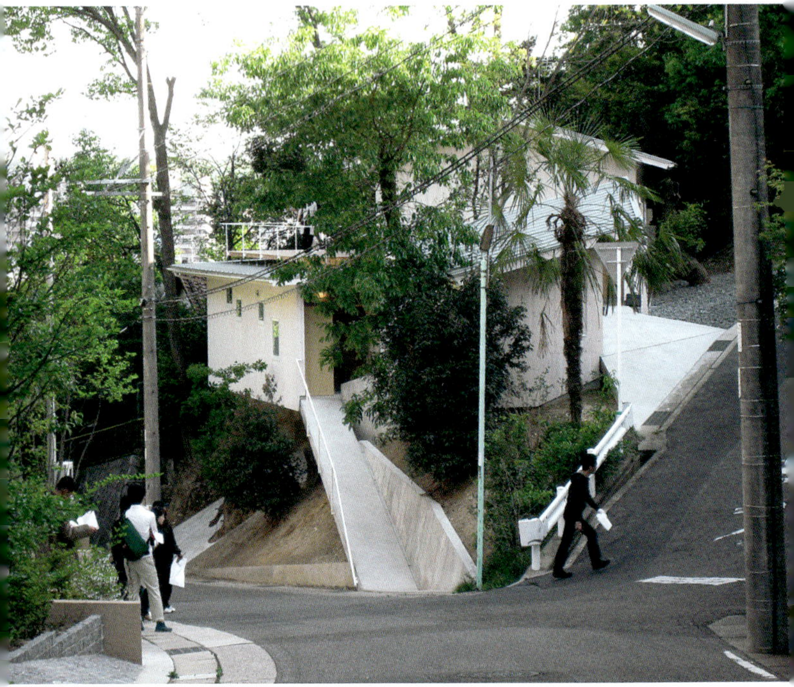

147

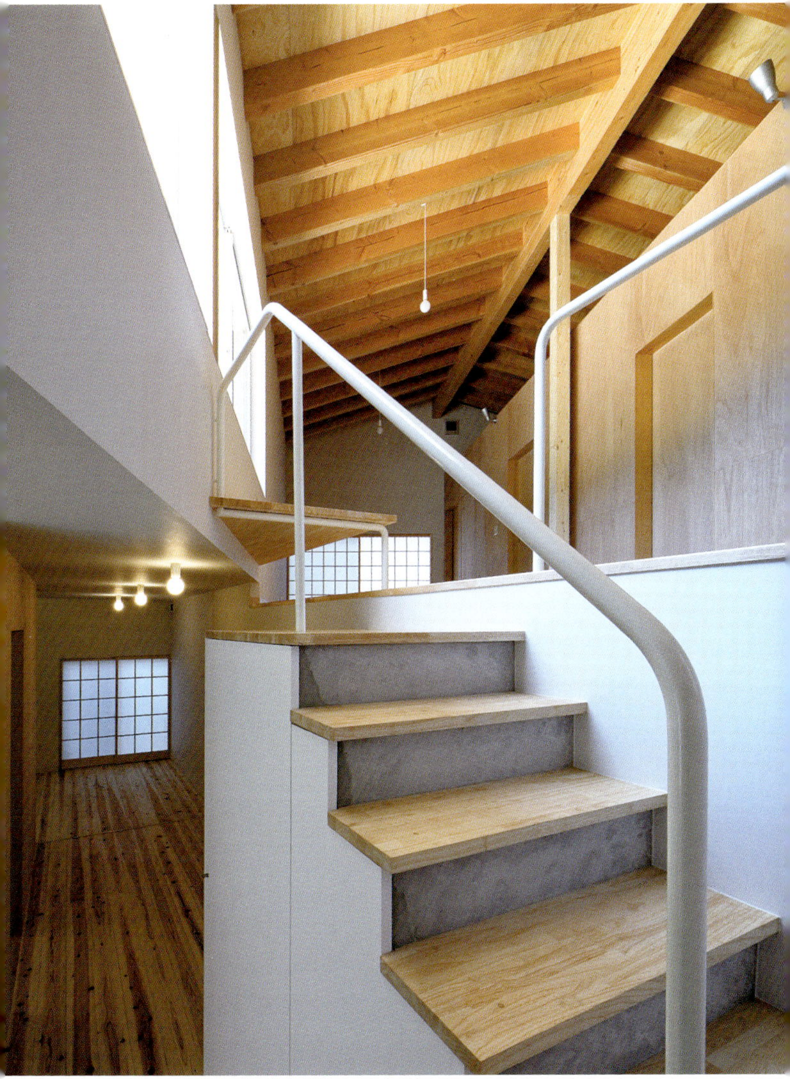

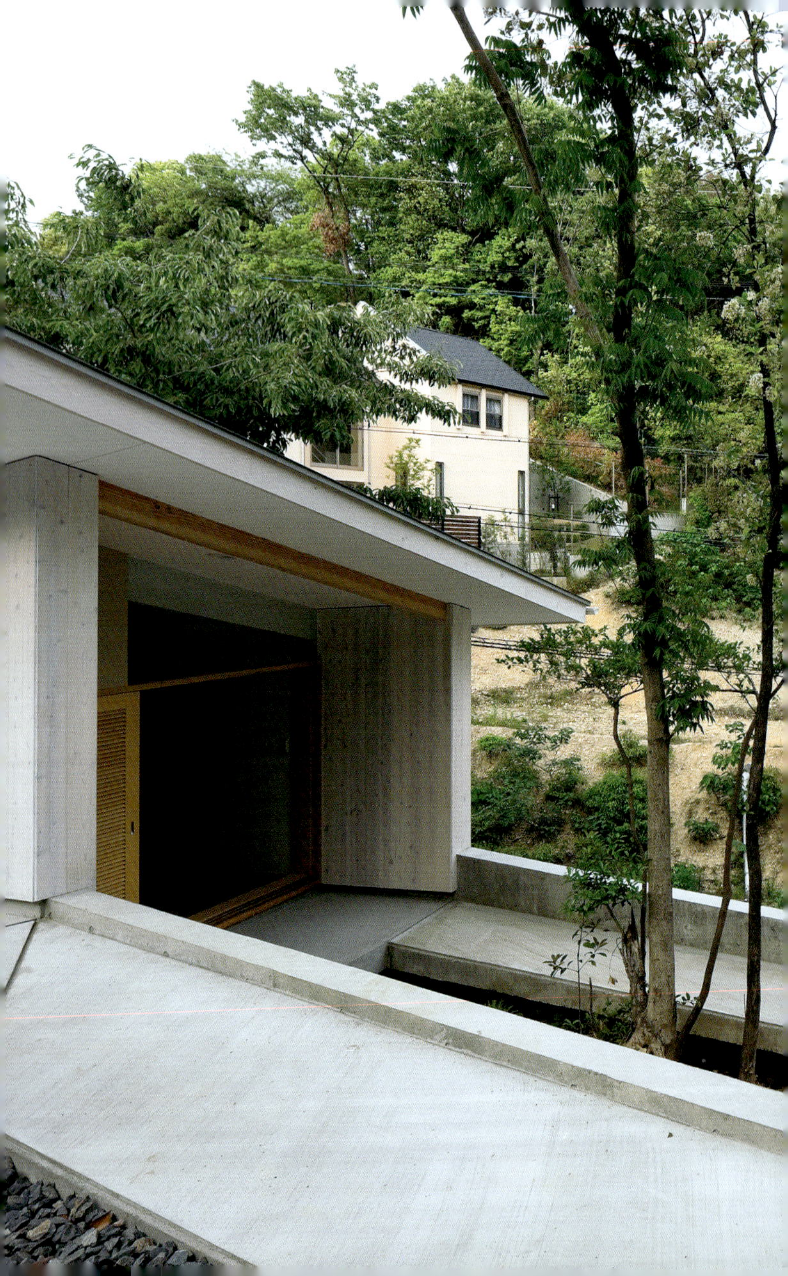

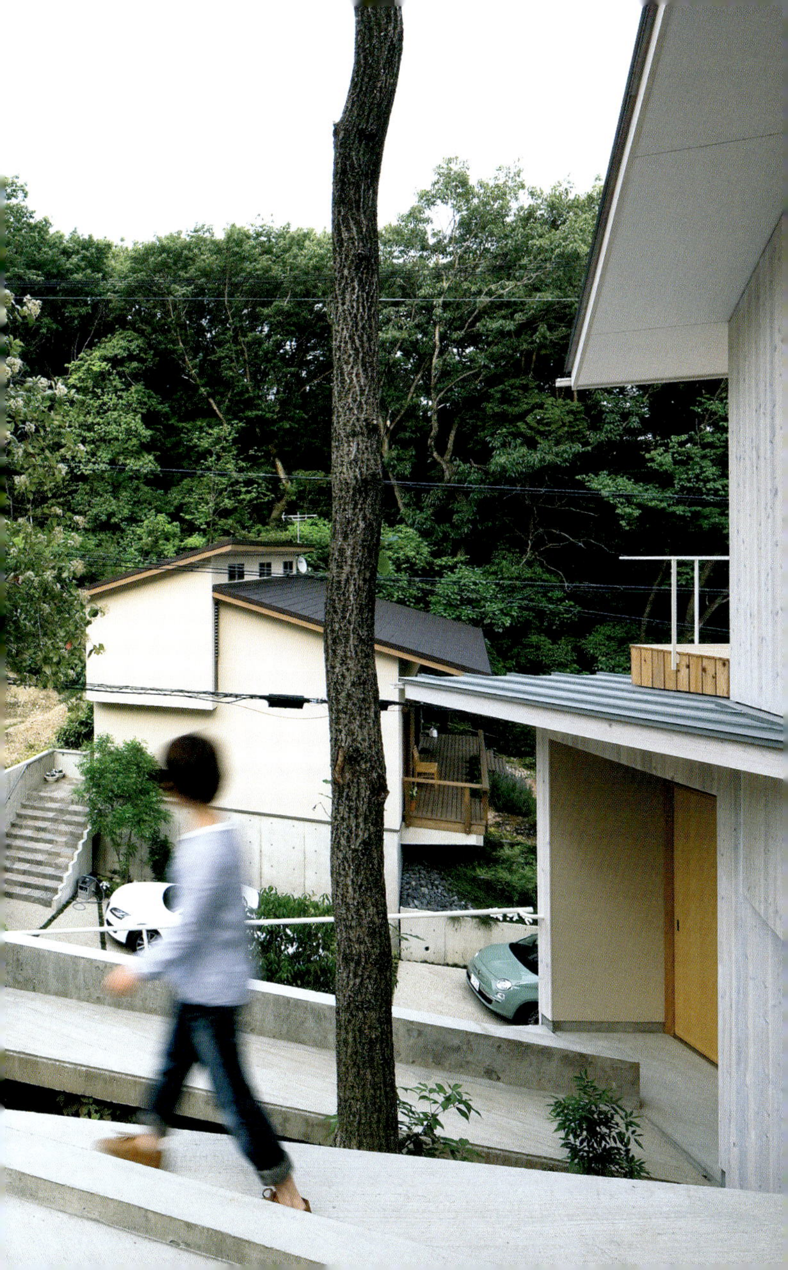

NOTE AI PROGETTI
DESIGN DESCRIPTIONS
testi di / texts by
KATSUHIRO MIYAMOTO

2001   KURAKUEN

La casa si trova su un ripido declivio con una pendenza media di oltre trenta gradi. La percezione di tale pendio doveva secondo me entrare all'interno della casa. Dallo studio al piano più alto si gode di un'ampia vista, il panorama abbraccia la Baia di Osaka dove vivono dieci milioni di persone. Al primo piano il soggiorno appare invece come una caverna affacciata sui pilotis e una massa di roccia. Pavimento, parete e scala, distorta nelle tre dimensioni, sono caratterizzati da un'unica finitura, una pietra artificiale levigata in modo da accentuare l'atmosfera cavernosa. Il bagno, rivestito in piastrelle a mosaico, si trova nello spazio protetto dalle chiome degli alberi che fluttuano nell'aria. Infine la camera da letto che, circondata dalla vetrata, è nascosta sotto il volume del primo piano. Essa si relaziona visivamente con la parete di contenimento in muratura di grandi blocchi, le colonne inclinate in modo casuale e il boschetto oltre le colonne. Lo spazio è inondato dalla morbida luce filtrata dal verde degli alberi.

This house is placed on a steep slope, generally over 30 degrees. I intended to bring the character peculiar to slopes into a part of the interior. The study on the second floor offers a long, wide view. The panorama, facing Osaka Bay, encompasses an area where ten million people live. The living room, also on the second floor, is like a cave, facing *pilotis* and solid rock; the floor, wall and a winding stair are all finished in a single material, a polished artificial stone, to intensify the cave-like sense of this space. The bath, finished in mosaic tile, is set below a canopy of foliage floating in the air. The bedroom is hidden under the first floor; it is surrounded by a glass wall. Outside the room is a large, built-up stone retaining wall; through the glass, columns lean at random angles, a grove of trees beyond. A soft green light reflected from the trees fills the room.

2002   SUGARUKARAHAFU

Kuri è il termine che definisce la residenza del sacerdote buddista annessa al tempio. Questo progetto prevede di aggiungere alla *kuri* una piccola casa per una giovane coppia. Volendo realizzare qualcosa in più del semplice aumento di superficie totale, abbiamo deciso di limitare l'ampliamento al minimo. Il layout esistente sarebbe rimasto pressoché intatto; avremmo invece modificato il tetto trasformandolo da semplice copertura a mansarda, con un tetto inclinato ad ampia falda, al fine di riprogrammare radicalmente la vita che doveva svolgersi al di sotto.

L'intento primario del ridisegno del tetto era garantire alla casa un apporto luminoso soddisfacente. Una volta creato l'attico, grazie al soffitto rialzato, la grande copertura rivestita in lamiera di rame della *kuri* è improvvisamente diventata un'estensione della sua superficie. Questo spazio dove interno ed esterno diventano una cosa sola è stato battezzato "stanza del tetto".

L'architettura dei templi giapponesi prevede un metodo eccellente per ampliare i tetti che si chiama *sugaruhafu*. In tal senso, come piccolo dono al cliente che era interessato ad avere uno spazio verde pur all'interno di un'area così esigua, è stato creato un pergolato di glicine lungo il nuovo tetto inclinato al quale sembra appoggiarsi (in giapponese *sugaru*). Questo pergolato di glicine è nello specifico un timpano (*hafu*) vuoto (*kara*). La combinazione di queste parole chiave conferisce alla casa il nome *Sugarukarahafu*. Il pergolato caratterizza lo spazio antistante di ingresso della residenza.

The word *kuri* refers to a residence for a Buddhist priest, annexed to a temple. Here, a small house for a young couple was added to an existing *kuri*. But one should expect more than just the enlargement of floor area with an extension. We decided to limit the addition to a bare minimum, allowing the existing *kuri* to remain almost wholly intact. Rather, the roof was changed from a plain gable to a pent roof with an shed slope, thus radically re-programming the life to evolve beneath.

The primary goal of reconfiguring the roof was to provide sufficient daylight in the house. Taking advantage of the raised ceiling, the large, copper roof became an extension of the floor of the loft. The space where interior and exterior are brought together into a whole is called the 'roof room.'

In Japanese temple architecture, there is a charming form roof extension called *sugaruhafu*. As a small gift to the client, who strongly desired greenery on a narrow plot of land, we placed a wisteria trellis along the new pent roof, as if it were leaning against the structure. (*Sugaru* means "to lean" in Japanese.) The wisteria trellis is an empty (*kara*) gable (*hafu*). The combination of these keywords gave the house its name, *Sugarukarahafu*. The trellis forms an approach leading to the existing *kuri*.

2006   CLOVER HOUSE

Il terreno destinato alla casa, delimitato da un muro di contenimento esistente, è stato scavato in modo da creare uno spazio seminterrato a doppia altezza, mentre superiormente un volume vetrato ingloba gli spazi abitativi stratificati. Il metodo dello scavo consente di creare spazi di forma libera.
L'ambiente centrale a quadrifoglio, alto 4,6 metri, è lo spazio comune della famiglia, ad esso si aggiungono gli altri ambienti scavati lateralmente che determinano una struttura simile alle *yaodong*, le tradizionali case sotterranee cinesi, con funzione di aree private: studio, cucina e bagno.
Al piano superiore le tre nicchie del loft sono adibite ad alcove. La loro forma si relaziona a quella degli ambienti del seminterrato in un rapporto spaziale inverso di tipo concavo-convesso. Il loft si apre allo spazio esterno, raggiungibile da scale esterne.
In termini strutturali, un tema di grande interesse è stato la resistenza allo scivolamento determinato dalla spinta del terreno dei lotti adiacenti sui lati nord ed est. Una lamiera d'acciaio spessa 9 mm è stata utilizzata sia come parete di cassaforma che come finitura esterna dello spazio abitativo. Riempito di calcestruzzo, questo involucro assicura con il proprio peso la resistenza necessaria alla spinta. La lamiera d'acciaio è stata prefabbricata in sedici pezzi e tutti i giunti saldati in modo da assicurarne la totale impermeabilità all'acqua.

A plot of land in a housing development, wrapped by a retaining wall, was excavated to create a double-height space below ground, with a flat glass box peeping above. Excavation enabled the spaces to be free-form. A cloverleaf-shaped room 4.6 meters high is the residence's common family area, and around this space, additional areas have been excavated, like in traditional Chinese underground houses called *yaodong*. These peripheral spaces function as private study areas, kitchen and bathroom.

Three loft-like alcoves at the ground level are private bedrooms. The three clusters in the basement and the ground-floor bedrooms are spatially the inverse of each other. Each bedroom turns outward to the exterior, and can be approached directly by outside stairs.

Structurally, an important point is how to resist pressure from the soil, especially from adjacent lots to the north and east. A 9 mm-thick steel plate was used as both formwork and internal finish. The formwork was filled with concrete as a counterweight to resist lateral pressure from the retained earth. A steel plate used for the finish was prefabricated in 16 sections, welded joints designed so the plate itself would establish an effective layer of water resistance.

2006   SHIP

Il sito è delimitato da due strade su livelli diversi con un salto di quota di tre metri. Poiché c'erano delle proccupazioni circa la stabilità del terrapieno e del muro di sostegno, è stata costruita una nuova fondazione alla quota più bassa su uno strato di terreno più affidabile. In questo modo il volume degli spazi collettivi, realizzato in acciaio cor-ten, rimane sospeso sopra il muro di contenimento consentendo un migliore affaccio panoramico. Gli ambienti privati sono collocati al livello inferiore nel blocco di cemento armato che funge da contrappeso del volume aggettante, dove si vive una calma atmosfera.

Si è cercato un uso ottimale delle superfici curve, disegnate per rispondere alla pianta a forma di L del sito e garantire adeguato sostegno al grande volume a sbalzo. In altre parole invece di optare per un volume strutturato gerarchicamente, è stata messa in opera una struttura formata da lastre d'acciaio nervate spesse 12 mm che formano una struttura simile allo scafo di un'imbarcazione. Il primo piano al livello superiore ospita l'atrio d'ingresso e la camera di uno dei figli, ma in realtà è composto principalmente da vuoti, una sequenza di spazi esterni che si prolungano attraverso il portico fino alla terrazzo di copertura. Sia per struttura che per articolazione, il risultato finale ricorda un traghetto dove i ponti passeggeri e la stiva sono separati dalle piattaforme intermedie per i veicoli.

A residence was built on a two-tiered site with a level difference of 3 meters. Because concerns remained about the soundness of the existing embankment and retaining wall, a new foundation was built beneath the lowest level, on a more reliable stratum. A cor-ten steel volume for the residence's public spaces sails out over the retaining wall, allowing for views from the upper areas. Within a reinforced concrete structure below, which functions as a counterbalance to the overhanging steel volume, private rooms enjoy a calm atmosphere.

Optimized curvilinear surfaces, designed in response to the L-shaped site, support the large cantilevered volume. In other words, instead of a framework that is a hierarchical structure, seamless, in-plane stress resistance via steel panels 12 mm thick with reinforcing ribs are organized into a vessel-like steel structural shell. Although the first floor on the upper zone accommodates the entrance hall and a child's room, it mainly consists of voids—a sequence of external spaces that continue from the *pilotis*, through a porch and on to a roof deck. In terms of both structure and layout, the result is reminiscent of a ferryboat where passenger decks and the hold are vertically separated, with car decks between.

2006   GRAPPA

La residenza è costruita su un ridottissimo sito triangolare, o *heta-chi*, inserito, tra l'altro, in un'area ad alta densità. Quando si suddivide un isolato urbano di forma irregolare in una serie di lotti rettangolari, alla fine rimane un lotto residuale di difficile utilizzo, una sorta di *anko* che nella cucina giapponese corrisponde al ripieno dolce usato per farcire la torta di riso. Inoltre il volume massimo consentito dalla normativa corrispondeva a un inviluppo triangolare nel quale andava inserito l'edificio. Di fronte a questi vincoli e alla forma del sito, la nostra idea fu di concentrarsi sulle potenzialità che possono scaturire lavorando sugli stretti blocchi triangolari chiamati *heta-chi*.

Prima di tutto, sulla base della semplice regola del *sumi-kiri*, abbiamo ritagliato dal volume massimo triangolare tre angoli, due dei quali acuti, difficilmente utilizzabili come spazio interno. Abbiamo poi cercato di determinare l'uso ideale del restante spazio residenziale lavorando sugli angoli o sui tagli, se il taglio doveva essere inclinato verso l'esterno o l'interno, se parallelo o meno. La straordinaria forma esterna è stata determinata da queste semplici regole chiamate *sumi-kiri* e, grazie a un'illusione ottica, il muro esterno sembra inclinato.

In ogni angolo del sito sono presenti piccole aree di risulta inutilizzate, aggiungendo questi ritagli triangolari al lotto assegnato si creano spazi connettivi esterni. Ciò significa che dalle finestre e dalle porte della casa ci si affaccia sempre su uno spazio vuoto, l'illusionismo dello *shakkei* ("paesaggio preso in prestito") è un potere intrinseco al triangolare *heta-chi*. I residui possono risultare utili o anche qualcosa di più. Recuperando la feccia del vino e facendola fermentare con cura per il tempo necessario, se ne ricava alla fine un nettare delizioso; pensando a questo, abbiamo assegnato all'abitazione il nome "Grappa".

This residence stands on an extremely narrow triangular site, of a kind referred to as *heta-chi*. The site is surrounded by rectangular lots, the surroundings densely built-up; the division of an irregular urban block into rectangular lots yielded this leftover and secluded lot, one which was hard to use, a type referred to in Japanese as *anko* (a kind of Japanese sweet wrapped with rice cake). Furthermore, the maximum volume allowed by code was triangular; any structure had to sit within this triangle. Whatever we tried, we were restrained by the shape of the site, so our idea was to search for those possibilities that can't be conceived except on the narrow triangular blocks called *heta-chi*. First, we employed a simple rule for chamfering the three corners (including two acute angles) that were hard to use as indoor space, carving out the maximum usable volume in the triangle. We tried to determine ideal uses for the remaining residential space by working out the angle of our cuts, whether a cut should be inclined outward, inward, parallel or not. The wonderful exterior form was created by these simple rules, called *sumi-kiri*, and due to an optical illusion, the exterior wall appears to incline. At each of the site's corners, small spaces remain unused. These small triangular exterior spaces, arising from the site's tight boundary restrictions, create a connection on three sides to the neighboring lots. An open void always exists outside windows and doors, the sleight-of-hand of *shakkei* ("borrowed landscape") is a power intrinsic to the triangular *heta-chi*. There is luck in these leftovers, or perhaps, it may be more than that: collecting the strained leaves of wine to distill and ferment, takes time and effort, but in the end a very delicious drink is made; this is why we named this residence "*grappa*".

2007 HANKAI HOUSE

Il progetto prevedeva la ristrutturazione di una casa antica con l'obiettivo di trasformarne l'assetto da tradizionale a moderno sostituendo le parti fatiscenti. Sono stati smantellati la casa del custode in legno, costruita trecento anni prima ma ormai in rovina, l'*oku* (la parte privata) e il volume nord con copertura a una falda. È stato invece mantenuto l'edificio principale, costruito novanta anni fa e in condizioni ancora discrete, dalla tradizionale pianta a griglia quadrata di quattro vani. Intorno all'edificio principale sono stati aggiunti una stanza privata, i servizi igienici e le rampe dei percorsi interni. La superficie in eccesso è stata eliminata in modo da aderire alla dimensione del nucleo familiare attuale.

La nuova costruzione avvolge l'edificio principale e svolge anche la funzione di consolidamento antisismico grazie al suo aereo e delicato involucro, la cui struttura è costituita da un sistema di elementi di legno di 2x4 pollici.

Le pareti esterne sono rivestite da assi di legno di cedro brunito, tipico dell'architettura locale, che si fondono con il paesaggio urbano. Il volume irregolare sulla facciata, uno spazio privato indipendente con terrazza collocata sopra il parcheggio, intende rappresentare un omaggio a quello di accoglienza presente in origine.

The renovation of an old house, an attempt to convert its traditional features to modern ones by replacing decrepit sections. A dilapidated 300-year-old wooden gate house, an *oku* (private section) and a northern lean-to were dismantled, leaving the relatively well-maintained 90-year-old main building with its traditionally square plan of four rooms in a grid. Around the main building, a private room, wet spaces and a ramped corridor were added. The greater area of in the original floor space was reduced to correspond to the smaller size of the family today.

The new section winds around the main building and functions as reinforcement against earthquakes. The reinforcement is provided through an airy, soft wrapping. The structure of the new section is made of wooden 2x4s. The external walls are covered with a vernacular siding of charred cedar boards to better blend into the townscape. The irregular gate-shaped volume on the façade is an independent private room with a terrace, housed over a parking space, and recalls the original gate.

2009 BETWEEN

In questa casa bifamiliare il 'giardino' si trova al primo piano, inserito a sandwich tra le unità residenziali. Le dimensioni del sito non consentivano la realizzazione di un giardino accanto all'edificio, per questo l'abbiamo ricavato tra la base in cemento armato e il soprastante volume sospeso in legno. Il piano terra è destinato ai genitori, il secondo ai figli e ai nipoti. Alla quota del giardino si trova una cucina-sala da pranzo che si presenta come parte del giardino stesso, questo livello è quindi concepito come una sorta di "doma", il tradizionale pavimento giapponese in terra battuta.

Lo spazio semi-aperto del giardino, circondato da una rete di plastica come quelle che proteggono le pedane di lancio, viene spesso utilizzato dai nipoti per giocare a baseball e nello stesso tempo per pranzare all'aperto, come un picnic sotto un grande albero. Le fioriere sono sistemate sul perimetro dove possono catturare l'acqua piovana.

Desideravamo che le persone percepissero il volume virtuale del giardino anche se in realtà si tratta di un vuoto composto da un muro bianco, pavimento e soffitto. Da qui si gode un'ampia visuale panoramica sulla baia di Osaka.

This is a two-family home with a 'garden' on the first floor, sandwiched between residential zones. By shifting each floor, a large asymmetrical balcony appears. The site was too small to put a garden on ground next to the building, so we located it on a reinforced concrete podium, with a separate wooden structure overhead. The ground floor zone is for the parents and the second floor, built of wood, is for their children and grandchildren. A dine-in kitchen is on the same level as the 'garden' as if it is a part of the garden; the entire floor is conceived of like the Japanese *doma* (an area which was part of the traditional home, with an earthen floor).

The semi-open garden, surrounded by a plastic net such as those used for screens around pitching practice areas, is often used for baseball practice by the grandchildren, and sometimes as a lunch space, as if a picnic spot under a big tree. Flower pots around the periphery catch rain. We wanted people to feel the virtual volume of the garden, although in fact it is a void, with white walls, floor and ceiling. The garden is a spacious yard, which commands an extensive perspective of the Osaka Bay area.

2009   GATHER

Il progetto prevedeva la ristrutturazione di un'abitazione in legno costruita ventisette anni prima in un'area densamente urbanizzata con edifici bassi nella parte sud di Osaka. L'obiettivo era risolvere i numerosi problemi dell'abitazione applicando un unico dispositivo, una "superficie ondulata a griglia".
Come prima cosa è stata ridotta la superficie costruita preesistente e aggiunti agli spazi interni tre piccoli giardini con lo scopo di far passare luce e aria. Quindi si è proceduto ad avvolgere gli spazi con un migliaio di listelli di legno di 2x4 pollici per uno sviluppo lineare complessivo di circa 2,8 km. L'intero involucro, basculante, leggermente inclinato verso l'interno o verso l'esterno, con listelli ad angoli diversi, unifica in modo continuo tutti gli spazi, esistenti o di nuova formazione, interni o esterni. Ciò consente agli ambienti di apparire molto più ampi rispetto alla condizione precedente, pur a fronte di una riduzione di superficie. Oltre all'apporto ornamentale, la maglia lignea nasconde l'adeguamento antisismico dell'abitazione richiesto per legge. Le mille sfaccettature di questa selva di listelli di legno sono state smussate e arrotondate, in modo tale da ottenere pieghe lisce nonostante la curvatura irregolare.
All'esterno la superficie listellata forma un'alta cortina lungo la strada adiacente, gli elementi in legno montati e ruotati in vario modo proteggono la casa da sguardi indiscreti senza impedire il passaggio dell'aria. Di giorno sulla superficie si produce un piacevole effetto marezzato, mentre di sera, al buio, la casa si trasforma in una lampada di grandi dimensioni che, inaspettatamente illumina dolcemente la zona antistante la casa come un'illuminazione pubblica.

This is a renovation of a 27-year-old wooden residence built in a low, dense urban area of southern Osaka City. The intent was to solve numerous problems within the existing house by applying a single device, an undulating louvered surface. The concept was to resolve to every functional change with undulating walls; the louvered line used nearly one thousand 2x4 pieces of lumber.

First, the existing built area on the site was reduced; three small gardens integrated with interior spaces introduce natural light and air into the interior. Afterwards, the 2x4s, which, laid end-to-end, would cover 2.8 km, were wrapped around the home and its gardens. Tilting slightly inwards or outwards and altering the angle of each louver, the entire surface draws together random areas across the surface in an irrational way, without concern for what is existing or part of the addition, for what is interior or exterior. As a result, the interior feels very spacious compared to its earlier state, even as floor area was reduced. Additionally, the louvered surface functions as not merely as ornament, but also covers of seismic reinforcement required by law. Round chamfer was treated on the thousand sides of the visible woods, so that smooth pleats was created equally to everywhere in spite of the irregurarly curvature. Besides, the louvered surface is quite tall where it faces the street and resembles an urban lumberyard. However, the two lines of louvers here, set at differing angles, prevent intrusive glances by passers-by, even while introducing cooling breezes. The louvers produce a beautiful *moiré* during the day and at the night turns into a large light fixture. Unexpectedly, it also softly illuminates the area in front of the home, playing a role as a public streetlight.

2009   CHUSHIN-JI TEMPLE PRIEST'S QUARTERS

Chushin-ji è un tempio buddista annidato sulle Alpi giapponesi che vanta ben cinquecentocinquanta anni di storia. Il sacerdote a capo del tempio desiderava utilizzare i nuovi locali della residenza anche come luoghi per eventi, esposizioni, conferenze e concerti aperti alla popolazione locale.

La zona residenziale privata e lo spazio pubblico sono integrati e raccolti sotto un'ampia copertura che, come un grande ombrello, riprende il ritmo dei tetti della vicina sala principale e di quella di accoglienza. L'esistenza di questo spazio pubblico è evidenziato dalla forma e dalla grande dimensione del tetto e relaziona il tempio ai residenti locali.

Il tetto è una spessa struttura in cemento armato destinata a durare uno o due secoli. Concepito per sopportare consistenti carichi di neve, questa grande copertura libera le potenzialità configurative degli spazi sottostanti, rendendo possibile in futuro la loro eventuale trasformazione.

Chushin-ji is a Buddhist temple nestled in the Japan Alps; it boasts a long history going back over 550 years. The head priest wanted to make use of the new quarters for events like exhibitions, lectures and concerts where locals can gather. Thus the private residential area and common space are arranged together under a roof that is like a large umbrella, one that picks up on the rhythm of roofs over the adjacent main hall and reception hall. The existence of this common space is highlighted by the size and shape of the large roof, and link the temple with local residents.

The new roof is made of thick concrete, to last for a century or two. The roof is strong enough to bear heavy snow loads and there is a lot of leeway for the interior organization of rooms; a wooden structure housing the residence and other areas is sheltered beneath. Renovations are also feasible in the future.

2010 BIRD HOUSE

È difficile ancorare un'architettura a un sito impervio e ripido, nella "natura", sono sempre necessari movimenti di terra. Quando si tratta di costruire su un terreno in notevole pendenza, si realizza in genere un muro di contenimento e si procede poi a terrazzare l'area. In altre parole, sterro e strutture di sostegno svolgono un ruolo di intermediazione tra architettura e natura; in particolare penso che il livellamento del terreno sia, in primo luogo, una infrastruttura. Esistono altri artifici per adattarsi alla natura del luogo più delicatamente, una struttura un po' più elegante di un muro di sostegno che si colloca tra lo scavo e l'architettura? Quello che desideravo proporre era una potenziale alternativa allo sterro, quindi, in fondo, una sorta di leggera infrastruttura.
Il risultato del nostro studio: le fondazioni della "Bird house" sono simili alle "chele di scampi" che agganciano la casa al paesaggio. Invece di pareggiare il pendio, è stato "attrezzato" con puntoni che creano le condizioni necessarie a costruire.
Traendo spunto dalle caratteristiche del terreno e delle strade che delimitano l'area in alto e in basso, le fondazioni in cemento armato formano un percorso a zigzag come un sentiero di montagna che collega le due strade. È esattamente questo che io intendo per "infrastruttura". Prima dell'intervento il sito era privo di barriere, ora le fondazioni l'hanno reso disponibile alla costruzione. I piani ottenuti nei punti in cui il tracciato a zigzag cambia direzione coincidono con tre "siti". Il nome "Bird house" è stato scelto perché le tre casette bianche sembrano altrettanti nidi sistemati sulle fondazioni come sui rami di un albero.

It is difficult to site architecture on an inclined, raw site, in 'nature'. Earthwork is always needed. When building on a steep site, usually a retaining wall is constructed and the site tiered. The earthwork and retaining structure bridges between architecture and nature. I think earthwork is, first, more "infrastructural" than architecture. Aren't there other ways for artifice to adapt to nature more gently—a structure which is between earthwork and architecture, a bit more elegant than a retaining wall? What I wished to pursue was the alternative potential in an earthwork that was only a light kind of infrastructure. The *scampi*-like foundation for the 'Bird House' hooks the house to the landscape, the result of our study of earthwork as light infrastructure. Rather than leveling the slope, it was spiked to secure it, an approach which would still guarantee we could build along the slope safely. Earthwork was originally in a secondary relationship to architecture.

By making use of site characteristics, and adjacent roads at the top and bottom of the site, the reinforced concrete foundation forms a zigzag like a mountain trail connecting the two roads. This is what I call "infrastructure." Before the building was even built, the site was barrier-free and the foundation provided construction access. At the landings formed at each turning point of the zigzag are three 'sites' for structures. The name 'Bird House' was given to the three cute white houses nested on the foundation as if in the branches of a tree.

Serie About
English and Italian texts

Baumschlager & Eberle
Profondità plastiche ed estetiche del neutro
a cura di Giacinto Cerviere

Pep Zazurca. Architecture
a cura di Anataxu Zabealbeascoa

Cliostraat

Pietro Carlo Pellegrini. Architetture
a cura di Marco Mulazzani

Catherine Diacomidis / Nikos Haritos
Architettura di trasparenze
a cura di Yorgos Simeoforidis

Nasrine Seraji. Architettura come territorio
a cura di Françoise Fromonot

Jakob + MacFarlane
a cura di Christian Girard

Simon Ungers. Autonomy and Dialogue
a cura di Jos Bosman

Pierre Hebbelinck Atelier d'Architecture
a cura di Maurizio Cohen

Jo Coenen
Architettura condivisa | Shared architecture
a cura di Alberto Alessi

Markus Wespi Jerome de Meuron
a cura di Alberto Caruso

Lucio Rosato.
Sui territori al limite

Manuelle Gautrand.
Collection 2006-2007

Topotek 1 Reader
a cura di Thilo Folkerts

marcociarloassociati
a cura di Giovanni Leone

Gianfranco Zanafredi
a cura di Michele Calzavara

Bruno Messina. Percorsi di architettura
a cura di Riccardo Lopes

Sami Rintala
a cura di Luca Galofaro

Ian+ Modelli
a cura di Luca Galofaro, Carmelo Baglivo

SPLITTERWERK
a cura di Valentina Ricciuti

Paolo Bürgi. Paesaggi_Passaggi
a cura di Carlo Magnani